"十三五"国家重点出版物出版规划项目
中国科学技术名词规范化理论建设书系

总主编 / 白春礼　副总主编 / 裴亚军

术语翻译新论：找译译法翻译理论与实务

李亚舒　徐树德　著

科学出版社
北　京

内 容 简 介

本书针对直译、意译、音译、形译等“现有译法”在术语翻译实践中的不足，提出了新的翻译理论，即“找译译法”。“找译译法”是一种适用于有译语对应词的原语术语的翻译方法。采用“找译译法”在译语专业文献中找出与其相对应的译语术语，能够实现译语术语与原语术语在概念内涵和语用效果上的最大等值转换，较大程度地减少术语误译现象。全书共6章，提出了“术语命名特征选项”“术语最终命名特征选项”等系列概念；分析了“现有译法”在解决翻译问题时的不足，提出了一种新的可以弥补这种不足的方法——“找译译法”，用于翻译有译语对应词的原语术语；通过大量实际案例指导读者如何通过“找译译法”开展术语翻译实践工作。

本书可作为高等院校外语院系和翻译院系用书，更可供翻译爱好者自学和一线译者参考。

图书在版编目（CIP）数据

术语翻译新论：找译译法翻译理论与实务/李亚舒，徐树德著. —北京：科学出版社，2022.7

（中国科学技术名词规范化理论建设书系/白春礼总主编）

“十三五”国家重点出版物出版规划项目

ISBN 978-7-03-071858-7

Ⅰ. ①术… Ⅱ. ①李… ②徐… Ⅲ. 术语-翻译理论 Ⅳ. ①H059

中国版本图书馆 CIP 数据核字（2022）第 041310 号

责任编辑：王 丹 宋 丽 / 责任校对：贾伟娟

责任印制：赵 博 / 封面设计：蓝正设计

科学出版社出版

北京东黄城根北街 16 号

邮政编码：100717

http://www.sciencep.com

北京中石油彩色印刷有限责任公司印刷

科学出版社发行 各地新华书店经销

*

2022 年 7 月第 一 版 开本：720×1000 1/16

2024 年 3 月第三次印刷 印张：12 1/2

字数：198 000

定价：98.00 元

（如有印装质量问题，我社负责调换）

总　　序

科学技术名词规范化事业是建设创新型国家和世界科技强国战略的重要组成部分。科学技术的交流与传播、知识的协同与管理、信息的传输与共享，都需要一个基于科学的规范统一的科学技术名词体系作为基础的支撑。

科学技术名词规范化事业包括实践和理论研究两部分。编纂、审定、公布科学技术名词，推广规范科学技术名词等工作，是科学技术名词规范化实践。

中国官方有组织的科学技术名词规范化实践最迟在近代就已经出现。伴随着西学东渐，西方科学技术大规模传入中国，出现一大批科学技术新名词。为保证科学技术交流与传播的顺畅，官方有组织的科学技术名词规范化实践应运而生。1909 年，清政府学部设立编订名词馆，编订名词馆编纂了《植物名词中英对照表》《数学名词对照表》《心理学名词对照表》《伦理学名词对照表》《辨学名词对照表》等。

进入民国后，科学技术名词编纂规模扩大，同时，开始重视科学技术名词编纂之后由专家集体审查或审定的工作。民国时期，官方科学技术名词规范化实践相继由医学名词审查会、科学名词审查会、国立编译馆等机构负责。医学名词审查会成立于 1916 年。1918 年，医学名词审查会更名为科学名词审查会。医学名词审查会和科学名词审查会编纂、审查了一批科学技术名词。截至 1928 年，编纂、审查并经教育部审定的科学技术名词有医学解剖学名词、化学名词、物理学名词、动物学名词、植物学名词、算学名词等 19 种；已审查但未经教育部审定的科学技术名词有病理学名词、寄生物学寄生虫学名词、药理学名词、外科学名词、内科学名词等 22 种；已经起草好，但未来得及审查的科学技术名词有妇科名词等 5 种。

1932 年，国立编译馆成立。截至 1949 年，国立编译馆编纂、审查通过了一批科学技术名词。据有关部门统计，在国立编译馆的组织下，已经审查并由教育部公布的科学技术名词（不含医学、社会科学）有天文学名词、数学名词、物理学名词、化学命名原则等 18 种。还有一批虽然没有公布但在审查中的科学技术名词（不含医学、社会科学）29 种。

中华人民共和国成立后，1950 年，中央人民政府政务院文化教育委员会成立了学术名词统一工作委员会，下设自然科学、社会科学、医药卫生、文学艺术和时事五组，分别由中国科学院、中央人民政府出版总署、中央人民政府卫生部、中央人民政府文化部、中央人民政府新闻总署负责。随后，中国科学院在中国科学院编译局成立学术名词编订室，主持自然科学名词的编纂、审查工作。各学科名词编纂、审查完成后，由学术名词统一工作委员会统一公布。截至 1955 年，仅自然科学组就完成了 29 种科学技术名词的编纂、审查。

1955 年，文化教育委员会被撤销，学术名词统一工作委员会归中国科学院领导。

1978 年，全国科学大会胜利召开，中国迎来了科学的春天。中国科学院和国家科学技术委员会根据形势，联名上报国务院，请求成立全国自然科学名词审定委员会，得到了批准。1985 年，全国自然科学名词审定委员会正式成立，负责科学技术名词的编纂、审定工作。1996 年，全国自然科学名词审定委员会更名为全国科学技术名词审定委员会。

为更好推广规范科学技术名词，《国务院关于公布天文学名词问题的批复》（国函〔1987〕142 号）规定："经其（全国自然科学名词审定委员会）审定的自然科学名词具有权威性和约束力，全国各科研、教学、生产、经营、新闻出版等单位应遵照使用。"

可以说，时至今日，中国科学技术名词规范化实践取得了重大成就，全国科学技术名词审定委员会已审定、公布了天文学名词、物理学名词、生物化学名词、电子学名词、语言学名词、教育学名词等 130 多种科学技术名词，内容覆盖基础科学、工程与技术科学、农业科学、医学、人文社会科学、军事科学等各个领域，对中国科研、教学和学术交流的发展起到了很好的推动作用。

科学名词规范化实践的健康发展，离不开科学技术名词规范化理论的指导。因此，科学技术名词规范化理论研究不可缺少。

科学技术名词规范化理论研究包含这些内容：对科学技术名词规范化的基本概念和基本原理进行研究、对科学技术名词审定原则及方法进行研究、对科学技术名词规范化政策与战略进行研究、对科学技术名词规范化历史进行总结和研究，以及对科学技术名词规范化理论与实践中遇到的其他课题进行研究，等等。

与中国官方有组织的科学技术名词规范化实践一样，中国科学技术名词规范化理论研究最迟在近代就已出现。在西学东渐过程中，为解决汉语译名统一问题，很多专家学者对此进行了研究。民国时期，不少报纸杂志组织专家学者讨论科学技术名词规范化问题，如《科学》杂志于 1916 年发起了名词论坛，至中华人民共和国成立前夕，参与讨论的文章达六七十篇。

1985 年，全国自然科学名词审定委员会成立后，高度重视理论研究，创办了专业刊物《自然科学术语研究》，连续召开了“中国术语学建设研讨会”和“面向翻译的术语研究学术研讨会”，组织出版了“中国术语学建设书系”。《自然科学术语研究》刊行到现在，影响越来越大，现已更名为《中国科技术语》；“中国术语学建设研讨会”迄今已经召开了七届（从第四届开始，改名为“中国术语学建设暨术语规范化”研讨会），“面向翻译的术语研究学术研讨会”迄今已经召开了三届；“中国术语学建设书系”的出版于 2017 年圆满结束，共出版著作 12 部。

从 1985 年全国自然科学名词审定委员会成立至今，中国科学技术名词规范化理论研究成果喜人，仅《自然科学术语研究》（现名为《中国科技术语》）就刊载了大量相关论文。尤其可喜的是，已有多部中国科学技术名词规范化理论研究著作问世，包括纳入了“中国术语学建设书系”的由全国科学技术名词审定委员会组织专家编撰的《中国术语学概论》等著作。

需要特别指出的是，由全国科学技术名词审定委员会起草、征求了广大专家意见的《全国科学技术名词审定委员会科学技术名词审定原则及方法》，也是重要的科学技术名词规范化理论研究成果，为指导中国科学技术名词规范化实践发挥着重要作用。

当前，科技发展日新月异，新一轮科技革命和产业革命孕育兴起，颠覆性技术层出不穷，“互联网+”快速发展，前沿基础研究向宏观拓展、微观深入和极端条件方向交叉融合发展，一些基本科学问题正在孕育重大突破，新的科技概念不断产生，科技创新活动愈加社会化、大众化、网络化。作为支撑服务科技创新、科技传播的基础性工作和系统性工程，中国科学技术名词规范化实践面临许多新情况、新要求、新任务，迫切需要科学技术名词规范化理论的支持。但是，当前中国科学技术名词规范化理论滞后于实践，不能满足实践的需要，中国科学技术名词规范化理论有待于进一步发展。

2017 年 7 月 26 日，习近平总书记在省部级主要领导干部“学习习近平总书记重要讲话精神，迎接党的十九大”专题研讨班开班式上发表重要讲话，指出：“我们坚持和发展中国特色社会主义，必须高度重视理论的作用，增强理论自信和战略定力。”[①]为在中国科学技术名词规范化事业中更好地贯彻习近平总书记这一重要论述，全国科学技术名词审定委员会隆重推出“中国科学技术名词规范化理论建设书系”。希望该书系的出版，能极大地促进中国科学技术名词规范化理论研究的进步，并更好地服务于中国科学技术名词规范化实践。

希望学术界能进一步总结中国科学技术名词规范化实践历史和现实经验，进一步引进国外先进理论成果，进一步运用其他学科的理论，进一步开展理论探讨，来建设中国科学技术名词规范化理论，为推进中国科学技术名词规范化事业、为把中国建设成创新型国家和世界科技强国做贡献。

白春礼

2018 年 6 月 10 日

① 新华网：《习近平在省部级主要领导干部“学习习近平总书记重要讲话精神，迎接党的十九大”专题研讨班开班式上发表重要讲话》，中华人民共和国中央人民政府，http://www.gov.cn/xinwen/2017-07/27/content_5213859.htm，2017 年 7 月 27 日。

序　一

《术语翻译新论：找译译法翻译理论与实务》将科学技术术语的翻译方法分为“现有译法”和“找译译法”两大类。“现有译法”适用于译语文献中没有译语对应词的原语术语翻译，“找译译法”适用于译语文献中已有译语对应词的原语术语翻译。

作者建议，在进行科学技术文献翻译时，对一个待翻译的原语术语，首先应当辨别这个原语术语有无译语对应词。如果是没有译语对应词的原语术语，由于其在译语专业文献中还没有与之相对应的译语术语，因此应当采用“现有译法”，为其创译出一个译名；如果是有译语对应词的原语术语，由于其在译语专业文献中已有与之相对应的译语术语，就不宜再重新创造术语，因此应当采用“找译译法”，直接从译语专业文献中找出与之相对应的译语术语。

作者明确地指出，误将“现有译法”用于译语文献中已有译语对应词的原语术语翻译，使得表达同样概念的术语数量大量增加，而且其中有很多不恰当的误译，这是造成目前“术语翻译难，术语误译多”这种局面的根本原因。

我认为，作者的这种结论符合现代语言学中关于语言符号的任意性和强制性的论述。

瑞士语言学家费尔迪南·德·索绪尔（Ferdinand de Saussure，1857—1913）是现代语言学的奠基人。索绪尔提出的语言学说，是语言学史上哥白尼式的革命，对现代语言学的发展有着深远的意义。

索绪尔在他的《普通语言学教程》中指出，语言符号具有任意性。他说：“能指和所指的联系是任意的，或者，因为我们所说的符号是指能指和所指相联结所产生的整体，我们可以更简单地说：语言符号是任意的。”（费尔迪南·德·索绪尔，1980：102）

符号的任意性原则“支配着整个语言的语言学，它的后果是不能枚举的……人们经过许多周折才发现它们，同时也发现了这个原则是头等重要的”（费尔迪南·德·索绪尔，1980：103）。

“任意性这个词还要加上一个注解。它不应该使人想起能指完全取决于说话者的自由选择（我们在下面将看到，一个符号在语言集体中确立后，个人是不能对它有任何改变的）。我们的意思是说，它是不可论证的，即对现实中跟它没有任何自然联系的所指来说是任意的。”（费尔迪南·德·索绪尔，1980：104）

索绪尔指出，“符号的任意性本身实际上使语言避开一切旨在使它发生变化的尝试”（费尔迪南·德·索绪尔，1980：109）。由于符号的任意性，我们不能够论证哪一种能指更为合理的问题。例如，“姐妹”这个词为什么在法语中要用 sœur 而不用 sister（英语的“姐妹”）；“牛”这个词为什么在德语中要用 Ochs 而不用 bœuf（法语的“牛”）；等等。这些都是没有什么道理可言的。

由于语言符号具有任意性，因此我们在进行科学技术文献的翻译时，对于那些没有译语对应词的原语术语，就应当采用“现有译法”，为其创译出译名。因此，语言符号的任意性，是该书中提出的“现有译法”的理论依据。

索绪尔又指出，语言符号具有强制性（该书的作者把“强制性”称为“不变性”）。他说：“能指对它所表示的观念来说，看来是自由选择的，相反，对使用它的语言社会来说，却不是自由的，而是强制的。语言并不同社会大众商量，它所选择的能指不能用另外一个来代替。”（费尔迪南·德·索绪尔，1980：107）

“人们对语言说：‘您选择罢!’但是随即加上一句：‘您必须选择这个符号，不能选择别的。’已经选定的东西，不但个人即使想改变也不能丝毫有所改变，就是大众也不能对任何一个词行使它的主权；不管语言是什么样子，大众都得同它捆绑在一起。”（费尔迪南·德·索绪尔，1980：107）

“语言无论什么时候都是每个人的事情；它流行于大众之中，为大众所运用，所有的人整天都在使用着它。在这一点上，我们没法把它跟其它制度作任何比较。法典的条款，宗教的仪式，以及航海信号等等，在一定时间内，每次只跟一定数目的人打交道，相反，语言却是每个人每时都在里面参与其事的，因此它不停地受到大伙儿的影响。这一首要事实已足以说明要对它进行革命是不可能的。在一切社会制度中，语言是最不适宜于创新的。它同社会大众的生活结成一体，而后者在本质上是惰性的，看来首

先就是一种保守的因素。”（费尔迪南·德·索绪尔，1980：110-111）

索绪尔又说：“语言之所以有稳固的性质，不仅是因为它被绑在集体的镇石上，而且因为它是处在时间之中。这两件事是分不开的。无论什么时候，跟过去有连带关系就会对选择的自由有所妨碍。”（费尔迪南·德·索绪尔，1980：111）

“时间”与“说话的大众”组成了表明语言实质的背景。“同社会力量的作用结合在一起的时间的作用”，使得“离开了时间，语言的现实性就不完备，任何结论都无法作出”（费尔迪南·德·索绪尔，1980：116）。“要是单从时间方面考虑语言，没有说话的大众——假设有一个人孤零零地活上几个世纪——那么我们也许看不到有什么变化；时间会对它不起作用。反过来，要是只考虑说话的大众，没有时间，我们就将看不见社会力量对语言发生作用的效果。”（费尔迪南·德·索绪尔，1980：116）

正因为语言符号具有强制性，因此既要受到社会上说话的大众力量的影响，又要受到与社会力量捆绑在一起的时间因素的作用，所以在我们进行科学技术文献翻译的时候，既要考虑到说话的大众已经使用过的约定俗成的原语术语，还必须考虑到时间的因素，对于有译语对应词的原语术语，就应当采用“找译译法”直接从译语专业文献中找出与之相对应的译语术语。

由此可以看出，该书中提出的“现有译法”的根据是索绪尔关于语言符号具有“任意性”的理论，而该书中提出的“找译译法”的根据是索绪尔关于语言符号具有“强制性”的理论。因此，我们在翻译有译语对应词的原语术语时，就应当尊重译语国家、译语民族的说话的大众中这些在“时间”上业已约定俗成的译语术语，采用“找译译法”，直接从译语专业文献中“找出”这些与原语术语相对应的译语术语为己所用；绝不应当无视“说话的大众”和“时间”的因素，采用“现有译法”，为同一原语术语再创译出新的译语术语，去代替和改变译语国家、译语民族“说话的大众”中这些业已在“时间”上约定俗成的译语术语。在进行术语翻译时，我们不能无视“说话的大众”和“时间”这两个重要因素，既然说话的大众已经在他们自己的语言实践中使用了译语术语，既然译语国家、译语民族的说话的大众在“时间”上业已存在相关的译语术语，我们在翻译时就不应当再创译出新的译语术语，这样才不会造成术语使用的混乱和误译。

清代的徐寿（1818—1884）是我国著名的科学家，他翻译了大批的西方化学论著，如《化学鉴原》《化学考质》《化学求数》等，也创造了大量的中文化学术语。《化学鉴原》中述及的化学元素有 64 个，由于在汉语中原来根本就没有这些化学元素的概念，也没有与之相应的汉语术语，因此在翻译这些元素的名称时，徐寿提出了取西文名字第一音节造新字的命名原则，并根据这个原则，译出了“钠、锰、镍、钴、锌、钙、镁”等元素名称。徐寿这一原则后来被中国化学界接受并沿用。他的工作对于我国近代化学的发展有着重要的意义。徐寿翻译的这些化学元素的概念是中国原来没有的，因此在中国已有的文献中，无法找到与这些化学元素相对应的汉语术语，所以他在给化学元素命名汉语名称的时候只好另造新字。他采用了取西文名字第一音节造新字的命名方法，然而究竟选择哪一个汉字则是任意的，是不可论证的，这体现了语言符号的任意性，因此，他的这种方法应当属于“现有译法”。

但是，在翻译有译语对应词的原语术语时，由于这些术语已经被“说话的大众”绑在“集体的镇石”上，我们就应当尊重译语国家、译语民族的“说话的大众”在“时间”上业已约定俗成的译语术语，采用“找译译法”，直接从译语专业文献中“找出”这些与原语术语相对应的译语术语为己所用。如果不管译语国家、译语民族中已经存在的术语，无视语言符号的强制性，随意创造新的译名，必定会导致术语的混乱和误译。

该书作者指出，在把“非物质文化遗产”这个术语翻译成英语的时候，我国许多纸质文献和网络在线翻译都没有注意到英语中早已存在 intangible cultural heritage 这个约定俗成的术语，而采用“现有译法”，按照字面语义将其重新翻译成了 non-material cultural heritage、non-material culture heritage、non-material culture legacy、non-matter cultural legacy、non-physical cultural heritage、non-substantial cultural heritage、immaterial cultural heritage、immateriality culture legacy 等众多的术语，并且这些术语广为流传，造成了已有译语对应词的原语术语的长期误译，从而导致了术语使用的混乱。该书作者根据联合国教科文组织的《保护非物质文化遗产公约》第一章第二条“非物质文化遗产”的定义部分，按照“找译译法”从中找出了 intangible cultural heritage 这个早已在英文文献中约定俗成的、具有强制性的英文术语，从而确定了“非物质文化遗产”这个术语的准确、规范的英语译名。由于

intangible cultural heritage 这个术语是英语中早已形成的规范译名，已经为大众所熟悉，具有强制性，因此其他的译名当然就都属于误译了。该书作者使用“找译译法”找到的 intangible cultural heritage 这个术语，反映了“非物质文化遗产”这个概念原本的科学含义，提高了术语翻译的准确性。

由此可见，“找译译法”和“现有译法”是两种不同的翻译方法。“找译译法”适用于绝大多数的有译语对应词的原语术语，“现有译法”适用于少数的无译语对应词的原语术语。“找译译法”和“现有译法”这两种翻译方法各司其职，彼此配合，能够实现各类原语术语与译语术语之间的准确转换，形成一套原语术语的完整翻译方法。将“现有译法”误用于绝大多数有译语对应词的原语术语翻译，是造成目前我国术语误译现象的主要原因，应当引起我国术语翻译界的高度重视。

我通读了该书，认为该书具有如下特点。

（1）**内容新颖**：该书发现了在术语翻译中“找译译法”和“现有译法”的区别，提出了“找译译法”的新观念，具有明显的创新性。

（2）**实例丰富**：该书积累了作者多年科学技术文献翻译的经验，搜集并分析了大量的实际翻译案例，读起来生动有趣，有助于启迪读者进一步思考。

（3）**理论坚实**：该书根据索绪尔关于语言符号的任意性和强制性的理论，把术语翻译的方法分为“现有译法”和“找译译法”，为科学技术术语的翻译奠定了坚实的基础。

（4）**操作性强**：该书提出的“找译译法”，在实践时需要从译语文献中找出与原语术语相对应的译语术语，这是一项不容易的工作。为此，作者提出了“指标单位法”“按图索骥法”“定义法”“上下文判定法”“同类仿译法”“专业判定法”等方法，帮助译者进行找译。这些方法操作性强，具有很高的实用性。

总而言之，该书为术语翻译提供了一种新的理论和方法，是中国术语学中具有创新性的研究成果。在这部专著出版之际，谨向作者表示热烈的祝贺。

2022 年 1 月 25 日

序二　众里寻他千百度

在我看来，术语工作主要有三项基本任务：一是为本民族科技的新概念定名，二是用本国语言为外来术语定名，三是用外国语言为本国术语定名。无论是用本国语言为外来术语定名，还是用外国语言为本国术语定名，使用的主要方法都是翻译。一直以来，我们主要通过直译、意译、音译、形译、象译、音意兼译或借用等方法进行翻译（这部专著将其归纳为“现有译法”），但是这本书的作者认为，对于占专业术语绝大多数的有译语对应词的原语术语，采用“现有译法”不仅不能得到与之相对应的正确译语术语，还常常会导致术语误译等错误，因此该书提出了一种新的翻译方法来弥补“现有译法”的不足——“找译译法”。“找译译法”是一种依据原语术语的含义，通过适当的方法，直接从译语专业文献中找出与原语术语相对应的译语术语的翻译方法。同时该书作者认为，索绪尔的语言符号的任意性是“现有译法”的理论基础，语言符号的不变性是“找译译法”的理论基础。作者指出，“现有译法”适用于无译语对应词的原语术语翻译，“找译译法”适用于有译语对应词的原语术语翻译。

通读该书后，我认为，该书至少在以下三个方面具有创新意义。

第一，通过提出“术语命名特征选项”“术语最终命名特征选项”等系列概念，提出了“术语命名特征选项理论”。对于一种语言来说，如果对大量学科的名词进行观察，就可以大致描绘出术语命名所依据的特征细节，比如形状、颜色、质地、大小、数量、行为、触觉、听觉等，作者将这些命名所依据的特征细节命名为“术语命名特征选项”。由于对同一事物（或概念）进行命名时，基于不同角度可能选取不同的事物（或概念）特征，所以作者指出，术语命名特征选项具有多元性和开放性。该书将最终被选中的事物（或概念）特征称为“术语最终命名特征选项”。

作者的这一论述，从一个全新的角度印证了术语本身具有很强的民族性。无论哪个国家、哪个民族，其术语最终命名特征选项的选取和术语的命名都是本国家、本民族的人民通过优胜劣汰、约定俗成完成的。我们说术语规范化工作是传承民族文化的重要手段之一，主要就是从术语的民族性角度提出的。

第二，分析了“现有译法”在解决翻译问题时的不足，提出了一种新的可以弥补这种不足的方法——“找译译法”。该书认为，基于术语最终命名特征选项的选取和术语命名的视角，对于那些在译语专业文献中已有译语对应词的原语术语，我们应尊重译语国家、译语民族最终命名特征选项的选取和已通过优胜劣汰、约定俗成完成的事物（或概念）命名，即汇总已有的译语对应词。因此，译者在翻译有译语对应词的原语术语时，应采用“找译译法”，即依据原语术语概念内涵，通过适当的方法，直接从译语专业文献中找出与该原语术语概念内涵相对应的译语对应词，为己所用，作为与该原语术语相对应的译语术语。对于那些在译语专业文献中尚无译语对应词的原语术语，应基于术语最终命名特征选项的选取和术语命名的视角，按照译语国家、译语民族的思维模式、用词习惯，采用“现有译法”中的直译、意译、音译、形译、象译、音意兼译或借用等为之“创译”出相应的译语术语。

作者根据上述观点，进一步明确了“现有译法”和“找译译法”的适用范围，即“找译译法”适用于有译语对应词的原语术语翻译，“现有译法”适用于无译语对应词的原语术语翻译，即“有名用其名，无名才起名”。该书对上述两种方法适用范围的归纳非常明确，让人容易理解。

第三，通过大量实际案例阐述了如何通过“找译译法”进行术语翻译实践工作。“找译译法”的原理不难理解，但真正的难点在于如何通过适当的方法找到与原语术语相对应的译语对应词。比如，在从译语专业文献中查找与原语术语相对应的译语对应词时，除了要确保译语对应词与原语术语在概念内涵上的高度一致，还要确保所找出的译语对应词应是译语专业文献中目前通用、规范的译语术语。作者认为，“找译译法”在选择译语专业文献类别时，应当首选译语专业期刊；在从译语专业文献中找出原语术语的译语对应词时，应当遵循四条基本原则，即专业最近性原则、语言地道性原则、孤例不为证原则和中国特色术语直接引用原则。作者还提出了完成“找译译法”的翻译流程，并总结出了指标单位法、按图索骥法、定义法、上下文判定法等近十种准确找出译语对应词的技巧和方法。

通过以上内容，不难看出“找译译法”的关键无外乎两个字：“找”

和“断”。“找”是指要从众多鱼龙混杂的译语文献中甄别出能够使用的文献，并从中找到权威的、恰当的译语文献；“断”则是指要从译语专业文献中准确找出原语术语的译语对应词。

以上是我对该书内容的基本认识。

该书两位作者是科技翻译领域的名家，多年来始终关心、支持国家的术语规范化工作，该书所阐述的观点和内容对促进术语规范化工作同样具有十分重要的意义。该书提出的“找译译法”的两项主要功能——一是将原语术语翻译成与之对应的译语术语功能，二是对于误译术语的析误纠错功能——与我们在术语规范化工作方面的基本诉求是一致的。作为一名专职的术语规范化工作者，我要借此机会衷心感谢两位作者长期以来对术语规范化工作的关心和支持，并对该书的出版表示衷心祝贺，同时期待“找译译法”能在今后的术语规范化工作中发挥出应有的价值。

裴亚军

2022 年 2 月 17 日

前　言

进入20世纪以来，无论是自然科学，还是社会科学的各个门类都有了长足的发展。尤其是进入21世纪后，随着信息化时代的到来，信息传输就在点击鼠标的刹那间。世间产生的新事物、新概念，以及指称这些新事物、新概念的原语术语，瞬息即可传遍全球，再经翻译人员或专家之手，很快就被翻译成世界各语种的译语术语。由此一来，这些指称新事物、新概念的原语术语也就成了有译语对应词的原语术语。它们就如同涓涓细流，与世界各语种、各专业中几十年、上百年间，甚至更长历史时期累积下来的数量宏大的有译语对应词的原语术语，汇聚成了今日之浩瀚的有译语对应词的原语术语海洋。因此，在世界各语种中，有译语对应词的原语术语的数量远远大于无译语对应词的原语术语数量，这已成为一个不争的事实。

然而，只要观察一下我国术语翻译研究和术语翻译实践的现实情况就会发现，一些论及术语翻译方法的专著、论文乃至教材，却仅对适用于在原语术语中数量极少的、无译语对应词的原语术语翻译方法——“现有译法”（即直译、意译、音译、形译等）情有独钟，甚至错误地扩大了“现有译法”的适用范围，将其误用到了有译语对应词的原语术语翻译中，“其结果往往是虽‘创译’了诸多似是而非的‘译语术语’，也难将原语术语准确翻译成地道的‘译语术语’”（李亚舒、徐树德，2016：36），以致产出了诸多术语误译，乃至普遍性术语误译。对于真正适用于在原语术语中占绝大多数的、有译语对应词的原语术语翻译方法——“找译译法”，一些论及术语翻译方法的专著、论文乃至教材却几无提及。

研究表明，“找译译法”是一种适用于有译语对应词的原语术语翻译方法。正是由于该翻译方法所涉及的原语术语在译语中已有对应词，所以才应依据原语术语的概念内涵，采用“找译译法”在译语专业文献中找出与其相对应的译语术语。这些找出的译语术语相对于原语术语，变的是语言外壳，不变的是在概念内涵和语用效果上实现了与原语术语的最大等值转换。同时，由于这些找出的“译语术语在译语国家、译语民族中已约定俗成，已广为使用，已深深植根于译语专业文献中，故而用其作为原语术语的译名，不仅含义准确，而且易于为译语国家、译语民族的人民所理解和接受”（李亚舒、徐树德，2016：38）。

“现有译法”是一种适用于无译语对应词的原语术语翻译方法，即通常所说的新词翻译法。正是因为该翻译方法所涉及的原语术语是新词，在译语中尚无对应词，所以才有必要依据原语术语的概念内涵、属性特征、译语民族的思维方式及表达习惯，采用直译、意译、音译、形译等“现有译法”，为该类原语术语创译出在概念内涵和语用效果上与其最大等值的译语术语。

总之，术语“找译译法”和“现有译法”是两种不同的翻译方法。它们均有各自明确的适译对象。只有“找译译法”和“现有译法”这两种翻译方法各司其职，方能实现各类原语术语与译语术语间的准确转换；只有这两种翻译方法相互配合，方能成就各类原语术语的完整翻译方法。将“现有译法”误用于有译语对应词的原语术语翻译是目前我国术语误译现象的主因，应引起术语翻译界的高度重视。

笔者不揣浅陋，依据多年来对术语学和术语翻译理论，尤其是冯志伟教授的术语学开山之作《现代术语学引论》和《中国科技术语》杂志上的相关论文大作的学习体会，结合自身术语翻译和双语专业词典编纂实践，编写出《术语翻译新论：找译译法翻译理论与实务》一书。鉴于国内目前尚无同类书籍出版，甚至就连“找译译法”作为一种术语翻译方法的出现也只不过是近几年的事，故本书意在从翻译理论与实务的结合上，对“找译译法”做一全景式引介。本书论述“找译译法”翻译理论力求简洁明了，突出其对翻译实践的指导作用；介绍“找译译法”翻译实务力求易懂易学，突出其实用性和可操作性。

这里，应该特别指出的是，在本书的成书过程中，笔者一直得到全国科学技术名词审定委员会领导和同志们的关心、指导，最近又承蒙冯志伟教授和裴亚军博士赐序，在此表示衷心感谢！

但由于笔者学术水平有限，本书权作引玉之砖，其中不足之处在所难免，敬望诸位专家学者不吝赐教。

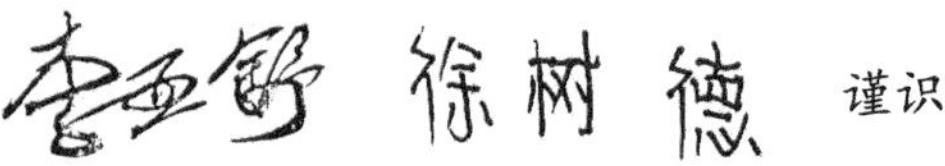

谨识

2022年3月22日

目　　录

第 1 章　“现有译法”并非解决术语翻译的“万能灵药”

随着我国改革开放、科学春天的到来，有关术语翻译方法的论文呈逐年增加的态势，涉及术语翻译方法的专著、教材也频频亮相于各大书店的展柜中。然而，通观这些论及术语翻译方法的专著、论文及教材，我们就会发现：几乎所有作者提供的术语翻译方法不外乎是直译、意译、音译、形译、象译、音意兼译或借用等。张彦（2008：37）认为，“总的说来，科学术语的翻译方法不外乎传统的五种翻译方法：意译法、音译法、音意兼译法、像译法和形译法”。

孙迎春（2008：201-205）认为，需要综合采用各种翻译方法，才能做好术语翻译工作。作者提出了音译、象译、直译、意译、音意兼译、借用六种术语翻译方法，并且认为直译是最基本也是最理想的术语翻译方法，意译在术语翻译中不是首选，但却必不可少。

王博（2009：134）认为，“英语科技术语的主要翻译策略有以下五种：音译、意译、音译兼意译、象形译和不译”。其中的“象形译”即象译和形译相结合的翻译方法。

按照以上论述，直译、意译、音译、形译、象译、音意兼译或借用等翻译方法似乎就成了包译各种术语的“万能灵药”。由于上述翻译方法经常出现在我国的相关专著、论文、教材中，我们姑且将其称为“现有译法”。

然而，术语翻译实践却告诉我们：对于在专业术语中占绝大多数的有译语对应词的原语术语而言，采用“现有译法”不仅很难得到与之相对应的正确译语术语，而且还常常会导致术语误译。换言之，如果采用“现有译法”，绝大部分专业术语都是翻译不出来的，更谈不上“现有译法”是包译各种术语的“万能灵药”。事实胜于雄辩，实例更能说明问题。对此，我们不妨略举几例，以资证明。

（1）“非物质文化遗产”正确、规范的英译名应为 intangible cultural

heritage，但长期以来，我国一些纸质文献和网络在线翻译却采用“现有译法”将其误译成了 non-material cultural heritage、non material cultural heritage、non-material culture heritage、non-material culture legacy、non-matter cultural legacy、non-physical cultural heritage、non-substantial cultural heritage、immaterial cultural heritage、immateriality culture legacy 等，且广为流传。有关采用“现有译法”导致“非物质文化遗产”误译的详细分析，请参见本书第 4 章 4.2 节。

（2）“吨”是我国法定计量单位，同时也是一个在工业、农业、商贸、科技诸多领域广为使用的计量单位。其正确、规范的英译名应为 metric ton 或 tonne，但遗憾的是，我国出版的一些汉英词典（既有语言通用型也有专业科技型）中采用“现有译法”中的“音译”方法将“吨”误译成了 ton；一些汉译英文献中也将“吨”误译成了 ton。由此可见该词误译之广——很多汉英词典和汉译英文献未能幸免，以及误译时间之长——至今难觅其误译的上限日期。“吨”作为我国一个常用法定计量单位，被如此多的汉英词典和汉译英文献所误译，这已让人感到十分意外，然而更为让人匪夷所思的是，我国汉英词典中“吨”这个词条的误译竟然直接导致了我国汉语单语词典中“吨”词条之误释。但是，令人感到欣慰的是，自 2014 年以来党和国家重要的政治文献英译文中，汉语单位“吨”不再采用“现有译法”中的“音译”方法翻译成英文 ton，而开始采用“找译译法”翻译成量值公认为 1000 千克的英文 metric ton 或 tonne。一些大型汉英词典中的“吨”词条的释义也出现了积极的变化。有关采用“现有译法”导致“吨”误译的详细分析，请参见本书第 4 章 4.4 节。

（3）“连铸坯”正确、规范的英译名应为 continuously cast product(s)。在上下文意思明确的情况下，该词可简略为 cast product(s)，但长期以来，我国的某些书刊报章中却采用“现有译法”，将其误译成了 continuous casting billet 或 continuous casting slab，且广为流传，形成了普遍性误译。有关采用“现有译法”导致“连铸坯”误译的详细分析，请参见本书第 4 章 4.6 节。有幸的是，2011 年由吴光华主编的“十一五”国家重点图书《汉英科技大词典》一改我国综合汉英词典、冶金专业汉英词典乃至冶金专业工具书以及期刊专业论文中长期以来相沿成习的“连铸坯”误译，收录了采用“找译译法”给出的“连铸坯”的正确英译名——continuously cast product(s)。

（4）“煤焦置换比”指的是高炉喷煤时，喷进高炉每千克煤置换的焦炭千克数。其正确、规范的英译名应为 coke/coal replacement ratio、coke-to-coal replacement ratio 或 replacement ratio of coke to coal。在上下文意思明确的情况下，该术语可简译为 replacement ratio。但我国有的钢铁相关专业论文的英文摘要中却采用“现有译法”将“煤焦置换比”误译成了 pulverized coal for coke substitution rate，甚至这样的误译还出现在了一些钢铁相关专业论文的英译标题中。有的汉英冶金专业词典采用“现有译法”将“煤焦置换比”误译成了 coal-to-coke replacement ratio；而一些网络词典采用“现有译法”将“煤焦置换比”误译成了 char replacement ratio、coal to coke replacement ratio、coal-coke replacement ratio 等。如此误译，问题的关键倒不仅仅是这些误译译名是按照汉语民族的思维模式和用词习惯采用“现有译法”生造出来的，既非英语民族约定俗成的用法，又不是英语专业文献中用以指称“煤焦置换比”专业概念的真实使用的专业术语，最为重要的是，它颠倒了“煤”和“焦”之间的“置换”和“被置换”的关系。有关采用“现有译法”导致“煤焦置换比”误译的详细分析，请参见本书第 5 章 5.7.7 节。

（5）“直接还原铁”正确、规范的英译名应为 direct reduced iron，但长期以来，我国的某些书刊报章中却采用“现有译法”将其误译成了 direct reduction iron，且广为流传，形成了普遍性误译。有关采用“现有译法”导致“直接还原铁”误译的详细分析，请参见本书第 4 章 4.7 节。

翻译方法的成功与失败，关键是看效果；术语翻译方法的成功与失败，关键是看采用该方法能否将一种语言的术语准确翻译成另一种语言相应专业通用、规范的术语。以上采用“现有译法”对“非物质文化遗产”“吨”“连铸坯”“煤焦置换比”“直接还原铁”所进行的翻译，完全符合有关文献介绍的“现有译法”的有关规定与注意事项，然而所得到的英译名竟然系误译。原因何在呢？

笔者以为，显然是翻译以上术语所使用的翻译方法出现了问题。当上述 5 例汉语术语——“非物质文化遗产”“吨”“连铸坯”“煤焦置换比”“直接还原铁”摆在我们面前，需要翻译成英文时，我们切勿首先急于依据这 5 例汉语术语的概念内涵、特征属性等，直接采用直译、意译、音译、形译、象译、音意兼译和借用等“现有译法”将其翻译成英文，而首先应审视一下这 5 例汉语术语在相应的英文专业文献中是否已有英文对应词。鉴于我国早在 2004 年已加入了联合国教科文组织的《保护非物质文化遗产公约》，而与汉语“非物质文化遗产”相对应的英文词必定早已存在于《保护非物质文化遗产公约》的英文版中。鉴于“吨”作为我国法定计量单位已有了明确的量值——1000 千克，而与汉语“吨”量值相等的英文计量单位 metric ton 或 tonne 也早已被收录在各类大中小型英文原版词典中。鉴于在英美等西方国家“连铸坯”“煤焦置换比”“直接还原铁”概念的产生与使用至少已有几十年的历史，这三个术语的英文对应词必定也早已存在于英美等西方国家的英文原版钢铁专业文献中。换言之，无论是上述的“非物质文化遗产”“吨”，还是“连铸坯”“煤焦置换比”“直接还原铁”，均为有译语对应词的原语术语，它们早已在英文原版辞书和英文原版相关专业文献中有了与之相对应的通用、规范的英文词。基于这种认识，我们采用“找译译法”，通过查阅英文原版《保护非物质文化遗产公约》，就会很容易找到“非物质文化遗产”通用、规范的英文译名——intangible cultural heritage；通过查阅英文原版词典，就会很容易找到“吨”通用、规范的英文译名——metric ton 或 tonne；通过查阅英文原版钢铁专业文献，就会很容易找到“连铸坯”通用、规范的英文译名——continuously cast product(s)，“煤焦置换比”通用、规范的英文译名——coke/coal replacement ratio、coke-to-coal replacement ratio 或 replacement ratio of coke to coal，以及“直接还原铁”通用、规范的英文译名——direct reduced iron。因此，在翻译这些有译语对应词的原语术语时，我们应尊重英语国家、英语民族专业文献中这些业已存在且早已约定俗成的英语术语，采用“找译译法”，直接从英语专业文献中“找出”这些与汉语术语相对应的英文词为己所用，而绝不应采用“现有译法”为上述汉语术语再创译出新的英语术语，去代替和改变这些约定俗成的英语术语。显然，上述 5 例汉语术语之所以被误译，皆因相关学者将“现有译法”误用到了有译语对应词的原语术语上，企图为其创译出新的英语术语。

正是基于以上事实，我们对“现有译法”提出了疑问，认为“现有译法”并非解决一切术语翻译的“万能灵药”，对于在专业术语中占绝大多数的有译语对应词的原语术语而言，采用“现有译法”不能得到与之相对应的正确译语术语。对于这类原语术语，唯有“找译译法”才是“能准确得到与原语术语相对应的译语术语的翻译方法”（李亚舒、徐树德，2016: 37）。将“现有译法”误用于译语专业文献中已有对应词的原语术语翻译是造成目前术语误译的主因，甚至还会导致像“非物质文化遗产”“吨”“连铸坯”“煤焦置换比”“直接还原铁”那样匪夷所思的普遍性误译。

以上情况，应引起翻译界尤其是术语翻译界的高度重视。

第 2 章　不同视角下的术语“找译译法”与“现有译法”

2.1　引　　言

理论源于实践，实践呼唤理论。本章分别从术语命名特征选项理论、术语误译纠错方法、“有名用其名，无名才起名”公理、索绪尔语言符号的任意性和不变性理论等视角，对“找译译法”和“现有译法”的理论基础、命名主体、适用范围、误译主因等术语翻译的核心理论问题进行了探讨；并以此为基础，对“现有译法”是包译各种术语的“万能灵药”的偏见，以及长期以来“查不到则翻”，“翻”则采用“现有译法”的错误翻译模式进行了深入分析。本章在充分肯定“找译译法”在术语翻译中应有的主体地位的同时，也对“现有译法”的作用做出了恰如其分的说明；对目前一些翻译专著、翻译论文及翻译教材中所介绍的“现有译法”的内容，做出了必要的更正与补充。与此同时，本章还明确指出“找译译法”和“现有译法”是两种不同的翻译方法，它们均有各自明确的适译对象：“找译译法”适用于有译语对应词的原语术语翻译，“现有译法”适用于无译语对应词的原语术语翻译。将“现有译法”误用于有译语对应词的原语术语翻译是造成目前我国术语误译的主因。

2.2　术语命名特征选项视角下的“找译译法”与“现有译法”

2.2.1　从“查不到则翻”说起

举凡从事专业翻译者，即便原语、译语水平再高，都会遇到自己不熟悉、不认识的专业术语。遇此情况，诸多译者的翻译路径通常是先通过查阅各种双语词典以期获得与原语术语相对应的译语术语；若查不到，则考虑翻译之。于是，“查不到则翻”就成为诸多翻译人士将双语词典尚未收录的原语术语转化为对应译语术语的终南捷径。

然而，“查不到则翻”该如何翻？

谈及术语翻译，目前诸多翻译专著、论文以及教材所提供的术语翻译方法不外乎是直译、意译、音译、形译、象译、音意兼译或借用等。除此之外，术语翻译似乎再无他法可用。学者们在“查不到则翻”之时，也只好使用上述方法进行翻译。由于这些翻译方法目前经常出现在我国众多专著、论文、教材中，我们姑且将其称为“现有译法”。

对于术语翻译，翻译准确才是硬道理。采用“现有译法”果真能将原语术语成功翻译成与之相对应的译语术语吗？对此，我们不妨以钢铁专业中广为通用、诸多英汉科技词典中均已收录且其汉语译名已获得公认的术语 blast furnace 为例，采用“现有译法”试译之，看其能否得到正确、规范、唯一且获得公认的汉语译名——“高炉”。

根据术语翻译常识，“现有译法”中的音译、形译、象译、音意兼译、借用等方法显然不适于将英文术语 blast furnace 翻译成相应的汉语术语。这样，采用“现有译法”将英文术语 blast furnace 翻译成汉语术语的方法也就只有直译和意译两种。

采用直译，即根据原语术语用词，在不变更原语术语的词序、对应成分不增不减的前提下，直接将原语术语转换成译语术语。原语术语 blast furnace 中的 blast 在英语中是多义词，当它作为定语与中心词 furnace 组合时，其可能的含义为“鼓风、吹风、通风、送风、喷焰、喷射”等；furnace 在英语中亦是多义词，当其作为 blast 的中心词时，其可能的含义为“炉、熔炉、炼炉、暖气炉、加热炉、燃烧室”等。由此，我们可以将“鼓风、吹风、通风、送风、喷焰、喷射”和“炉、熔炉、炼炉、暖气炉、加热炉、燃烧室”逐一组合，从而可将 blast furnace 翻译成“鼓风炉、吹风炉、通风炉、送风炉、喷焰炉、喷射炉”或“鼓风熔炉、吹风熔炉、通风熔炉、送风熔炉”等 36 种汉语译名。

采用意译，即根据原语术语所表示的概念意义，选其主要特征，组词示之。术语 blast furnace 按英文原版辞书给出的定义为：“A type of vertical smelting furnace, heated by solid fuel — usually coke — through which a blast of air is blown to increase the rate of combustion. Blast furnaces are most extensively used for producing pig iron from iron ores.”（Tottle，1984：22）

分析以上 blast furnace 的英文定义，采用意译，选其主要特征，组词示之，我们至少可以得出 blast furnace 的如下 5 种汉语译名：由 vertical smelting furnace，可得出“竖式熔炼炉”译名；由 heated by solid fuel — usually coke，可得出“焦炭加热炉”译名；由 a blast of air，可得出“鼓风炉”译名；由 for producing pig iron，可得出“炼铁炉”译名；由 from iron ores，可得出“铁矿熔炼炉”译名。当然，我们还可以将以上 5 种译名适当组合，衍生出更多的汉语译名，诸如“竖式炼铁炉”“焦炭炼铁炉”等。

经查证，稍具规模的英汉科技词典都收录有 blast furnace。该术语正确、规范、唯一且获得公认的汉语钢铁专业译名应为“高炉”。采用直译所得到的 blast furnace 的 36 种汉语译名加上采用意译所得的 blast furnace 的 5 种汉语译名，共计 41 种汉语译名，其中却不包括“高炉”——这一正确、规范、唯一且获得公认的汉语译名。“由此可见，采用直译和意译的翻译方法并没有得出 blast furnace 的正确译名。”（李亚舒、徐树德，2016：36）

以上采用“现有译法”对 blast furnace 所进行的翻译，完全符合有关文献介绍的“现有译法”中的直译和意译的有关规定与注意事项，然而所得到的 41 种汉语译名竟然全系误译。这一事实至少说明：目前诸多翻译专著、论文及教材所提供的直译、意译、音译、形译、象译、音意兼译或借用等“现有译法”并非包译各种术语的“万能灵药”。

2.2.2 术语命名特征选项理论简介

以上所举采用“现有译法”导致的误译，只不过是问题的表象。只有从理论上弄清“现有译法”导致的误译成因，才是确定“现有译法”适用条件及其局限性的依据。

世界上每种语言在给各类术语命名时，通常都有其依据。有的学者在对大量术语名称进行仔细分析、认真研究后认为，“对于一种语言来说，如果我们对于足够数量和足够学科的名词进行观察，大致还是可以描绘出术语命名所依据的特征细节来的，如我们已经区分出了‘X 状、颜色、材料、部件、部位、大小、数量、行为、视觉、听觉、味觉、嗅觉、触觉、热觉、动觉、时觉、功用、地理、国名、地名、人名、神话人物名、动植物名'，等等"（范守义，2003：15）。我们姑且称这些"命名所依据的特征细节"为"术语命名特征选项"。术语命名特征选项是人们在给事物（或概念）命名时，基于不同角度可能选取的事物（或概念）的特征。由于同一事物（或概念）从不同角度观察可得到不同的术语命名特征选项，故多元性和开放性是术语命名特征选项的基本属性。例如，除上述提及的"X状、颜色、材料……"外，术语命名特征选项还可包括组成、式样、工艺、燃料、局部、整体、远近、位置、高矮、节奏、软硬、粗细、速度、样态、用途、原料、温度、湿度、频率、密度等。有时，不同的具体事物（或概念）还可以取其拟声、借用乃至引申义作为术语命名特征选项。术语最终命名特征选项则指的是人们在给事物（或概念）命名时，从术语命名特征选项中最终选定的事物（或概念）特征。

就具体术语而言，其命名特征选项的多元性和开放性体现在不同视角下该术语指称的事物（或概念）所具有的不同特征上。譬如，依照本书 2.2.1 节给出的 blast furnace 的定义，从式样和工艺过程角度，我们得出了与 vertical smelting furnace 特征对应的"竖式熔炼炉"选项；从加热所用燃料角度，我们得出了与 heated by solid fuel — usually coke 特征对应的"焦炭加热"选项；从助燃送风方式角度，我们得出了与 a blast of air 特征对应的"鼓风"选项；从用途角度，我们得出了与 for producing pig iron 特征对应的"炼铁"选项；从所使用的原料角度，我们得出了与 from iron ores 特征对应的"铁矿熔炼"选项。

以上 5 种命名特征选项依据的仅仅是 blast furnace 诸多定义中的一个。我们还可以从 blast furnace 的其他定义、相关文献中，以及通过语义引申等手段，提炼出更多不同于以上 5 种的命名特征选项，但依据在一种语言中"同一个概念只用同一个术语来表达"和"术语定名要易懂、易记、易读、简洁"的原则（冯志伟，2011：35，37），英语国家、英语民族通过优胜劣汰、约定俗成，最终从诸多的命名特征选项中选取了其中之一——a blast of air 作为术语最终命名特征选项，并从中提炼出 blast 与中心词 furnace 相结合，形成了钢铁专业的英语术语 blast furnace。

概念反映客观事物的本质特征，概念与事物的关系是反映与被反映的关系，二者具有客观对应性和一致性。同时，概念又是人类思维的基本形式之一，是反映事物特有属性的思维单元。因此，概念是操不同语言的人能够相互理解、相互交流的基础，故而它具有全人类性。定义则是对一种事物的本质特征或一个概念的内涵或外延进行确切而简要的说明，是对概念所做的语言描述。定义如同概念一样，也具有全人类性。

钢铁专业汉语术语“高炉”和英语术语 blast furnace 属于同一事物（或曰同一概念），故上文给出的英语 blast furnace 的定义以及从中得出的命名特征选项具有全人类性，即它不仅适用于英语的 blast furnace，同时也适用于汉语的“高炉”。然而，命名特征选项同时也是一个开放系统，我国相关专业在给“高炉”命名时并未囿于英语术语 blast furnace 的以上定义和由此产生的最终命名特征选项——a blast of air，而是另辟蹊径，同样是通过优胜劣汰、约定俗成，选择了“高炉”——与其他钢铁冶炼用炉相比较“高”的特点——作为其最终命名特征选项。该最终命名特征选项具有良好的直观性，且符合“同一个概念只用同一个术语来表达”和“术语定名要易懂、易记、易读、简洁”的原则，是其能从诸多命名特征选项中脱颖而出并成为最终命名特征选项的关键因素。

英语的 blast furnace 和汉语的“高炉”虽然是对同一事物（或曰同一概念）的指称，但由于各自的最终命名特征选项不同，由此产生的术语名称字面含义也有所区别。类似情况当然并非钢铁专业独有，例如，英语 poinsett，原为人名，本与花名毫无关系，但因一个叫 Poinsett 的人将“一品红”移植到美国，于是人们在人名 Poinsett 后加后缀-ia 得到 poinsettia，并转义为花名，于是这个人名便成为该花的最终命名特征选项。有趣的是，由于 poinsettia 与 poison 形似，一些人还误以为此花有毒，实则为无稽之谈。汉语在给“一品红”命名时，选其顶叶“红艳”、“花容”一品作为该花的最终命名特征选项，故“一品红”佳名非它莫属。

英译汉如此，汉译英亦然。例如，汉语“翠鸟”，无论是采用直译还是采用意译，基于其“翠+鸟”的结构，翻译成英语都应为 emerald green bird，而英语中与“翠鸟”对应的术语则是 kingfisher，意为“捕鱼王”。二者可谓风马牛之别。究其原因，汉语在给“翠鸟”这一术语定名时，其术语最终命名特征选项着眼于翠鸟背和面部的羽毛翠蓝发亮，即翠鸟的外观颜色，而英语在给这一物种定名时，其术语最终命名特征选项则着眼于其“捕鱼本领极强”，即着眼于翠鸟的捕鱼能力。

2.2.3　术语最终命名特征选项视角下的“找译译法”与“现有译法”

以上各例说明，无论是哪个国家、哪个民族，其术语最终命名特征选项的选取和术语的命名，都是本国家、本民族人民通过优胜劣汰、约定俗成完成的，即只有本国家、本民族的人民才是本国家、本民族术语的命名主体。因此，基于术语最终命名特征选项的选取和术语命名的视角，对于那些在译语专业文献中已有译语对应词的原语术语，我们应尊重译语国家、译语民族最终命名特征选项的选取和已通过优胜劣汰、约定俗成完成的事物（或曰概念）命名，即译语中已有的译语对应词。在翻译有译语对应词的原语术语时，务必采用“找译译法”，即依据原语术语概念内涵，通过适当的方法，直接从译语专业文献中找出与该原语术语概念内涵相对应的译语对应词，为己所用，作为与该原语术语相对应的译语术语，即“找译译法”仅适用于有译语对应词的原语术语翻译。

对于那些在译语专业文献中尚无译语对应词的原语术语，我们才应基于术语最终命名特征选项的选取和术语命名的视角，按照译语国家、译语民族的思维模式、用词习惯，采用“现有译法”中的直译、意译、音译、形译、象译、音意兼译或借用等为之创译出相应的译语术语，即“现有译法”仅适用于无译语对应词的原语术语翻译。

目前我国一些论及术语翻译方法的专著、论文及教材在向读者介绍“现有译法”时，均未对“现有译法”仅适用于无译语对应词的原语术语翻译做出必要说明，从而混淆了“现有译法”和“找译译法”的适用范围，误导读者以为“现有译法”适用于一切原语术语的翻译。由此一来，“现有译法”就成了包译各种术语的“万能灵药”。“查不到则翻”，“翻”则采用“现有译法”，就成了目前术语翻译实践所遵循的翻译模式。因此，“现有译法”导致的术语误译并不在于“现有译法”本身，而在于误将“现有译法”用到了有译语对应词的原语术语翻译上。

殊不知，如果混淆了“现有译法”和“找译译法”的适用范围，将“现有译法”误用到了有译语对应词的原语术语翻译上，即在译语中已存在与原语术语相对应的译语术语的情况下，采用“现有译法”为译语国家、译语民族再“创译”出与原语术语相对应的译语术语，就其实质而言，就是越俎代庖，就是违背了任何国家、任何民族的术语命名都是该国家、该民族通过优胜劣汰、约定俗成完成的这一客观规律。其结果往往是虽“创译”了诸多似是而非的“译语术语”，却不能确定其中哪一种是正确的；虽再三冥思苦想，也难于将原语术语准确翻译成地道的“译语术语”。例如，在以上 3 例中，无论是原语术语 blast furnace、poinsettia，还是“翠鸟”，由于它们在译语专业文献中都已有了与之相对应的译语术语，因此，按照“现有译法”，即使我们尝试为原语术语 blast furnace“创译”了 41 个“译语术语”，也未能从中获得一例与原语术语准确对应的译语术语——“高炉”；即使再三冥思苦想，也难于将原语术语 poinsettia 和“翠鸟”准确翻译成字面含义与其风马牛不相及但术语概念内涵却与其准确等同的译语术语“一品红”和 kingfisher。

2.2.4 结语

基于术语命名特征选项的选取和术语命名规律，本书对“现有译法”的适用范围进行了研究，指出“现有译法”导致的术语误译并不在于“现有译法”本身，而在于未区分“现有译法”的适用场合。对于译语专业文献中尚不存在与原语术语相对应的译语术语的场合，“现有译法”无疑是一种将原语术语正确转化为译语术语的正确翻译方法；而对于译语专业文献中已存在与原语术语相对应的译语术语的场合，采用“现有译法”则会导致术语译名混乱，造成术语严重误译，这是目前我国术语误译的主因。

遗憾的是，不讲适用条件的“现有译法”造成了如此众多的术语误译乱象，却至今尚未引起译界的应有重视，甚至成了一些人逐字死译、随意乱译的保护伞和护身符。为解决上述问题，笔者依据术语命名特征选项的选取和术语命名规律，结合多年来术语翻译和双语专业词典编纂的实践经验，提出一种新的适用于译语中已有对应词的原语术语翻译方法——“找译译法”。由于通过该翻译方法所找出的与原语术语相对应的译语术语在译语国家、译语民族中已约定俗成，且广为使用，并已深深植根于译语专业文献中，故而用其作为原语术语的译名，不仅含义准确，而且易于为译语国家、译语民族的人民所理解、接受。

2.3　术语误译纠错论文视角下的“找译译法”与“现有译法”

2.3.1　引言

前事不忘，后事之师。术语误译本身无疑是一件坏事，但如果相关学者能冷静分析术语误译的教训，从中找出规律性的东西，悟出防范之道，推出治本之策，那么坏事就可以变成好事。从这个角度来说，术语误译也是一笔宝贵的财富。为此，我们不妨剖析一下近年来我国相关专业期刊发表的几篇典型的术语误译纠错论文，让这些纠错论文告诉我们术语误译现状、术语误译使用的翻译方法和术语正译使用的翻译方法，并在此基础上，透过现象看本质，探索术语翻译致误的原因，并提出防范术语误译的方法。

2.3.2　术语误译纠错论文告诉我们什么?

为使所选的术语误译纠错论文具有代表性，本书所选的 3 例术语误译纠错论文分别涉及专业跨度较大的法律、冶金和军事工业，且出自不同的作者之手。同时，笔者在仔细研读每篇纠错论文的基础上，通过综合分析、分项调研，从每篇纠错论文中分析整理出以下各项——原语术语定义、术语误译现状、术语误译使用的翻译方法和术语正译使用的翻译方法——以便读者熟悉所论术语的内涵，对不同的翻译方法进行对比研究。

1.“法定代表人”误译纠错论文

原语术语定义：“法定代表人”指依据法律或法人章程规定代表法人行使职权的负责人（唐义均、丁媛，2016：43-46）。

术语误译现状：据《从词语搭配视角看“法定代表人”的英译》这篇纠错论文，我国 33 部各类法律法规中共 94 次毫无例外地将“法定代表人”误译为 legal representative。由此看来，该误译并非个案，而是一个普遍性误译，值得研究探讨。

术语误译使用的翻译方法：在以上误译实例 legal representative 中，将

“法定代表人”中的“法定”按字面意义翻译成 legal，将“代表人”按字面意义翻译成 representative，由此得出“法定代表人”的英译名为 legal representative，显系采用了“现有译法”中的直译方法。

术语正译使用的翻译方法：该论文的作者以术语的词汇意义和结构意义为切入点，通过查找英文原版文献，发现在英美等国的法律文件中与 legal representative 相对应的汉语术语应是“法定继承人、遗嘱执行人、遗产管理人、法定代理人、代理律师”等。也就是说，legal representative 并无“法定代表人”之义。将“法定代表人”翻译成 legal representative 显系误译。为了获得“法定代表人”正确的英译名，该论文的作者同样通过查找英文原版文献，找到了英美等国的法律中含有“法定代表人”含义的三个英文法律术语，即 managing agent、corporate officer 和 chief executive officer，其中尤以 chief executive officer 最符合我国的法律法规中“法定代表人”的法律内涵，是汉语“法定代表人”正确、地道的英文译名。

2. “高炉大修”误译纠错论文

原语术语定义：“高炉大修”指高炉一代寿命结束后，为开启高炉新一代寿命、提高高炉生产能力、改善高炉技术状况、更新高炉炉衬和设备而进行的大规模修复和技术改造（徐树德，2015：62-64）。

术语误译现状：《钢铁专业术语英译考——高炉大修》这篇论文给出的“高炉大修”误译译名实例为 big repair of blast furnace、major repair of blast furnace、blast furnace overhaul、blast furnace renewal、overhauling blast furnace、blast furnace revamping、capital repair of blast furnace 和 heavy repair of blast furnace，共计 8 例，均源自国内专业期刊论文的英文摘要，基本反映了“高炉大修”在我国冶金界被误译的真实状况。

术语误译使用的翻译方法：以上误译译名实例中均将“高炉大修”中的“高炉”翻译成 blast furnace，将“大修”分别翻译成 big repair、major repair、overhaul、renewal、overhauling、revamping、capital repair 和 heavy repair。可以说，英文中凡多少包含“大修”甚至“修”之含义、能与汉语中“大修”挂上钩的英文词都被拿来用于翻译“高炉大修”中的“大修”了，由此衍生出的“高炉大修”英译名多达 8 种。虽说其中有的误译译名实例词序与汉语的“高炉大修”相比有所颠倒，如 big repair of blast furnace、major repair of blast furnace 等，但字面意义却是基本对应的。基于此，我们姑且将以上误译译名实例的翻译方法都归类于“现有译法”中的直译方法。

术语正译使用的翻译方法：该论文的作者认为“高炉大修”这一技术概念不唯中国特有，而是一个国际钢铁界通行的技术概念，因此，如果上述 8 种“高炉大修”的英译名是正确的，那么在英美等国出版的钢铁专业技术文献中总能找到与之相同的英文原文，但遗憾的是，该论文的作者查阅了大量的英美原版钢铁专业文献，却没有找到任何一例。换言之，上述“高炉大修”英译名违反了英美钢铁专业领域“高炉大修”的习惯表达，是按中国人的思维、用词习惯生造出来的“洋泾浜”英语，因而是错误的。基于此，该论文的作者通过查阅大量英美等国出版的主要钢铁专业原版期刊，终于找到了与“高炉大修”内涵高度一致、语用效果高度吻合的常用英语术语——blast furnace reline 或 reline of blast furnace。

3.“声学覆盖层”误译纠错论文

原语术语定义：“声学覆盖层”是一种重要的水下舰船吸声结构，是潜艇隐身的一项关键技术。它敷设于潜艇表面，具有良好的隔声抑振性能（邱大平、胡静，2016：5）。

术语误译现状：《潜艇专业术语翻译问题探析》这篇论文给出的“声学覆盖层”误译译名实例为 acoustic coating、acoustic covering layer、acoustic layer 和 acoustic tile，共计 4 例，均源自国内专业期刊论文的英文摘要，基本反映出“声学覆盖层”在国内潜艇领域的许多重要期刊中被误译的真实状况。

术语误译使用的翻译方法：以上误译译名实例 acoustic coating、acoustic covering layer 和 acoustic layer 中均将“声学覆盖层”中的“声学”按字面意义翻译成 acoustic，将“覆盖层”按字面意义分别翻译成 coating、covering layer 和 layer，显系采用了“现有译法”中典型的直译方法。误译译名实例 acoustic tile 中同样将“声学”按字面意义翻译成 acoustic，但却将“覆盖层”翻译成了本义并非“覆盖层”而是“瓦”的英文 tile。译者企图以“瓦”代“覆盖层”，显系采用了“现有译法”中的意译方法。

术语正译使用的翻译方法：该论文的作者通过查找国内潜艇领域的许多重要期刊，发现“学者们对这一术语的翻译五花八门”，明显违背了“一个术语只表述一个概念，同一个概念只用同一个术语来表达”（冯志伟，2011：35）的术语命名基本原则。基于此，该论文的作者在查找中文期刊数据库网络资源的基础上，又“选取微软学术搜索或必应学术搜索等搜索引擎查询英语本族语者对前面获取的可能英译的使用情况”，“从而确定‘声学覆盖层’的对应英译为anechoic coating”（邱大平、胡静，2016：6，10）。

就术语误译现状而言，这三例术语误译均源自正式出版物或国家法律法规的英译版本，抑或国内专业期刊论文的英文摘要，且均非个案。就术语误译使用的翻译方法而言，这三例术语误译使用的翻译方法均为“现有译法”中的直译或意译。就术语正译使用的翻译方法而言，尽管每篇术语误译纠错论文获得术语正译的具体途径都有所不同，但这三例术语正译使用的翻译方法均为查阅多部英美法律词典和文献，或查阅一些英美原版法律法规文件，或查阅各种外文网络资源等，最终找出与原语术语相对应的译语术语。

2.3.3 莫让浮云遮望眼，方法误用是主因

以上对三篇术语误译纠错论文所进行的分项调研表明，无论是从术语误译现状、术语误译使用的翻译方法还是从术语正译使用的翻译方法来看，它们都存在着惊人的相似之处。尤其是对术语翻译使用方法的调研，其结果更是出奇一致：所有术语误译使用的翻译方法均是“现有译法”，而所有术语正译使用的翻译方法均是“找译译法”，即通过查阅各种形态的译语专业文献资料，从中“找出”与原语术语相对应的译语术语。此乃因缘际会，还是必然的客观规律使然，十分值得一探究竟。

无论是“现有译法”中的直译、意译，还是音译、形译、象译、音意兼译或借用，其实质都是使用译语语言对原语术语所指称的概念进行再命名，即术语所指称的概念在“跨语际跨文化传播过程中的重新命名”（魏向清、赵连振，2012：39）。问题是译者是否有权在不设定任何前提的条件下，使用译语语言对原语术语所指称的概念进行再命名？答案是否定的。

原语术语，按其在译语中有无对应的译语术语，可以分为两类：一类是已有译语对应词的原语术语，另一类是尚无译语对应词的原语术语。显然，对于那些已有译语对应词的原语术语，译者是无权使用译语语言对原

语术语所指称的概念进行再命名的。这是因为译语专业文献中已有的译语对应词是“译语国家、译语民族已通过优胜劣汰、约定俗成完成的事物（或曰概念）命名，我们应尊重译语国家、译语民族已给出的术语名称”（李亚舒、徐树德，2016：36），而不应再采用“现有译法”，按照自己对原语术语内涵意义的了解和本质特征的把握，为译语国家、译语民族再“创译”出与原语术语相对应的译语术语，即为同一事物（或曰同一概念）进行再命名。换言之，“现有译法”仅适用于无译语对应词的原语术语翻译，而不适用于有译语对应词的原语术语翻译。“因此，在译语中已存在与原语术语相对应译语术语的条件下，如采用‘现有译法’，为译语国家、译语民族再‘创译’出与原语术语相对应的译语术语，就其实质而言，就是越俎代庖”（李亚舒、徐树德，2016：36），就是违背了任何国家、任何民族的术语命名都是本国家、本民族通过优胜劣汰、约定俗成完成的这一客观规律。然而，在笔者看来，许多翻译专著、教材及翻译论文在向读者介绍“现有译法”时，却忽视了上述术语命名的客观规律，对“现有译法”仅适用于无译语对应词的原语术语翻译，而不适用于有译语对应词的原语术语翻译这个至关重要的前提条件，没有做出必要的说明，因此给读者的印象仿佛是“现有译法”适用于一切原语术语的翻译，纵有千百待译术语，“现有译法”一法搞定。正是由于被这片“‘现有译法’一法搞定”的浮云遮住了双眼，诸多译者在翻译时，遇到不认识或不熟悉的术语，首先不是甄别一下这些术语是否有译语对应词，然后再慎重确定是否采用“现有译法”，而是在词典上“查不到则翻”，“翻”则采用“现有译法”，从而导致了“现有译法”的误用，造成了诸多术语的广泛误译。

通过审视上述术语误译纠错论文涉及的三例原语术语“法定代表人”“高炉大修”“声学覆盖层”，以及从各种形态的译语专业文献资料中找出的与这三例原语术语所对应的译语术语 chief executive officer、blast furnace reline（或 reline of blast furnace）和 anechoic coating，我们有充分的理由判定，术语误译纠错论文涉及的这三例原语术语都是有译语对应词的原语术语。对这三例有译语对应词的原语术语采用“现有译法”进行翻译所导致的误译，绝非因缘际会，而是必然的客观规律使然。这个客观规律就是：“现有译法”仅适用于无译语对应词的原语术语翻译，将其误用到这三例有译语对应词的原语术语翻译中，误译就是必然的，不误译则是例外。当然，国内双语词典、专业文献和工具书中因误用“现有译法”造成的术语误译，绝不仅限于以上三例。以近年我国出版的一些大型工具书为例，略做查阅，即可发现许多因误用“现有译法”造成的冶金专业术语误译，如将“全连铸”误译成 continuous continuous casting、full continuous casting 等（误译分析详见本书 4.5 节）；将“薄板”误译成 thin plate；将“动态轻压下”误译成 dynamic light reduction；将“高炉利用系数”误译成 blast furnace utilization coefficient 等（误译分析详见本书 5.7.1 节）；将“煤焦置换比”误译成 coal-to-coke replacement ratio 等（误译分析详见本书 5.7.7 节）；将“钢材”误译成 steel product(s)、steel materials、steel stock、rolled steel、rolled product(s)（误译分析详见本书 4.3 节）；将“长水口”误译成 long nozzle 等。诸如此类误译，不胜枚举。有关这些术语误译的分析、论证，除已标明参考文献或本书章节者外，其余均可查阅《多功能汉英·英汉钢铁词典》（徐树德、赵予生，2010）相关词条的辨析项。

一叶知秋，见微知著。一些大型工具书因误用“现有译法”造成的术语误译就已经如此之多，那么其他出版物中的此类情况也就可想而知了。由此足见，将“现有译法”误用到已有译语对应词的原语术语翻译中已成为目前术语误译的主因，值得译界同仁尤其是应用翻译学研究界同仁密切关注。

2.3.4 继承“找译译法”，着眼发展应用

既然将“现有译法”误用到已有译语对应词的原语术语翻译中已成为目前术语误译的主因，并在现实翻译中造成了如此多的术语误译，那么对于已有译语对应词的原语术语我们应采用什么翻译方法呢？

术语翻译实践[①]告诉我们，对于在原语术语中占绝大多数的已有译语对应词的原语术语，我们应采用“找译译法”进行翻译。“找译译法”是一种依据原语术语的概念内涵，通过适当的方法，直接从译语专业文

① 以《多功能汉英·英汉钢铁词典》汉英部分收录的 600 余个设置了辨析项的词条翻译实践为例，这些词条中的原语术语均为有译语对应词的原语术语，其英译名均未采用“现有译法”，而采用了“找译译法”，并给出了所找出的与原语术语相对应的译语术语在英文原版专业文献中的出处，以便读者核查与研究。

献[①]中找出与该原语术语相对应的译语术语的翻译方法。“在译语文献中已存在与原语术语相对应译语术语的条件下，‘找译译法’是唯一能准确得到与原语术语相对应的译语术语的翻译方法。”（李亚舒、徐树德，2016：37）换言之，对于在译语专业文献中已有对应译语术语的原语术语而言，其所对应的译语术语，无论是通过术语“现有译法”中的直译、意译，还是通过音译、形译、象译、音意兼译或借用等，常常都是“翻译”不出来的，如本书前文提及的三例术语，均未能通过“现有译法”得出与原语术语相对应的译语术语，最后只能是采用“找译译法”，通过查阅相关译语专业文献，从中“找”出对应的译语术语。即使在一些情况下，译者通过“现有译法”翻译出了包含有正确译语术语在内的多个译语术语，但最后要想甄别与确认哪个才是正确的译语术语，还是要采用“找译译法”，通过查阅相关译语专业文献加以判定（有关分析详见本书 3.3 节）。因此，我们说“在译语文献中已存在与原语术语相对应译语术语的条件下，‘找译译法’是唯一能准确得到与原语术语相对应的译语术语的翻译方法”，正是基于以上论述提出的。

通过考察我国大量的术语翻译文献，我们发现虽未见到“找译译法”的字样和系统的理论论述，但不时会见到诸多译家以不同方式表达出的“找译译法”思想和按“找译译法”思想进行的术语翻译实践。

例 2-1　我国清末民初著名翻译家严复在与梁启超谈论《原富》一书的翻译时，介绍了他在处理一些“艰深名义”时的经验：“常须沿流讨源，取西字最古太初之义而思之，又广搜一切引申之义，而后回观中文，考其相类，则往往有得，且一合而不易离。”（刘松，2016：33）显然，严复在这里所言的“而后回观中文”，是指在吃透了原语术语的内涵后，再阅读相关中文文献；“考其相类”是指从阅读的中文文献中通过考证，找出与原语术语内涵类似或等同的译语术语；“则往往有得，且一合而不易离”是指采用这种方法，常常会收到令人满意的效果，且一旦将其作为符合原

① 本书所指的译语专业文献主要包括中外专业期刊、国际标准、中外国家标准、中外专利文献、中外会议录、中外硕博论文、中外专业词典、中外百科全书、中外双语或多语词典、中外主题词表、中外专业教科书、互联网文献等。鉴于中外专业期刊在时效性、专业性、真实性、准确性等综合指标上明显优于其他形式的译语专业文献，故中外专业期刊应为首选的译语专业文献来源；互联网上提供的各类信息门类繁多、内容丰富，但良莠不齐，使用时应注意甄别，择善选用。

语术语内涵的译语术语使用，二者即形成相对固定的对应关系。通过“找译”，严复将一大批英文原语术语翻译成了汉语中已有的古代术语或在当时社会上已广为流行的术语。例如，经过反复推敲，严复将 liberty 一词翻译成汉语古已有之的“自繇”（“繇”通“由”）等。

例 2-2 清末民初，译名统一的最早倡导者傅兰雅在《论译书之法》中从三个方面论述了术语翻译和译名统一的方法。其中第一条即为：“华文已有之名　设拟一名目为华文已有者，而字典内无处可察，则有二法：一、可察中国已有之格致或工艺等书，并前在中国之天主教师及近来耶稣教师诸人所著格致、工艺等书。二、可访问中国客商或制造或工艺应知此名目等人。”（转引自范守义，2002：88）

傅兰雅提出的“华文已有之名”，完全与“找译译法”的“在译语文献中已存在与原语术语相对应的译语术语”的提法相一致。“则有二法”中的“可察”与“可访问”，完全与“找译译法”的“直接从译语专业文献中找出”的精神相符。由此可见，傅兰雅早在百余年前即提出了“找译译法”的思想，并将其列在《论译书之法》的第一条中，足见傅兰雅对“找译译法”之重视。傅兰雅在组织科技著作翻译和自己的科技译著中对“华文已有之名”的翻译严格遵循上述翻译原则，译笔流畅，通俗易懂，取得了丰硕的科技翻译成果。

然而，令人感到困惑的是，百余年之后的今天，某些翻译专著、教材及论文在论及术语翻译方法时，对于当年被傅兰雅列为译书之法第一条的、具有如此重要的学术意义和实用价值的“找译译法”只字不提，反而对仅适用于无译语对应词的原语术语翻译的“现有译法”进行了大篇幅介绍，从而误导读者，使其以为“现有译法”适用于一切原语术语的翻译，以致酿出诸多术语误译。此种情况，值得译界人士深思。

例 2-3 魏向清和赵连振（2012：323）认为，“尽量寻求在目的语言中与源语术语对等或接近对等的专门术语。在术语翻译过程中，有些源语术语所指称的概念在目的语中存在，这时为了达到效果对等，译者应尽量在目的语中寻求与源语术语对等或接近对等的正式用语而不宜任意自创新词，以免误导读者、引起歧义或解释上的争议”。

例 2-4 黄建华和陈楚祥（1997：205）认为，“术语翻译不纯然是‘翻译'，而主要应是尽可能从译语国度的相同学科找出等价的术语"。请注意，黄建华和陈楚祥两位学者在这里使用的是"主要"一词，显然是指对于绝大部分原语术语而言，不应采用"现有译法"进行翻译，而应采用"找译译法"，尽可能从译语国度的相同学科中找出等价的术语。"找译译法"之重要，由此可见一斑。

以上论述中，既有先哲的至理名言，亦有今人的智慧远见。基于历史和当前如此丰富的"找译译法"翻译思想和"找译译法"翻译实践，加之"找译译法"涉及的又是在原语术语中占绝大多数的已有译语对应词的原语术语翻译，因此，笔者以为，应该努力挖掘我国术语翻译宝库中"找译译法"的精髓，着眼于"找译译法"的继承与发展；努力从现代语言学和翻译学视角，探索"找译译法"与"现有译法"的关系，厘清二者的适用范围，着眼于术语翻译的实际操作；努力从"找译译法"与"现有译法"所得译名的异同、正误视角入手，探索二者译名的交集关系和判断译名正误的依据，着眼于"找译译法"在专业文献翻译中和术语纠错中的实际应用。此三者应成为当前术语翻译研究的重要课题。

2.3.5　结语

术语误译是坏事，但如果能冷静分析术语误译的原因，从中吸取教训、找出规律，悟出防范之道、推出治本之策，那么坏事就可以变成好事。

本节以国内公开发表的三篇典型术语误译纠错论文为例，对术语误译使用的翻译方法和术语正译使用的翻译方法进行了探讨。结果发现："现有译法"适用于无译语对应词的原语术语翻译，而"找译译法"适用于有译语对应词的原语术语翻译。本节中的三篇术语误译纠错论文中的术语之所以被误译，皆因误用了"现有译法"。将"现有译法"误用到有译语对应词的原语术语翻译中是目前术语误译的主因。在译语专业文献中已存在与原语术语相对应的译语术语的条件下，"找译译法"是最能将原语术语准确翻译成相应译语术语的翻译方法。最后，本节以先哲的至理名言和今人的智慧远见，进一步证明了上述观点的正确性和将"找译译法"用于术语翻译实践的重要性。

2.4 “有名用其名，无名才起名”视角下的“找译译法”与“现有译法”

2.4.1 引言

古人云：“何以为辩？喻深以浅。何以为智？喻难以易。”本节用“有名用其名，无名才起名”这一无人不晓的基本公理，来分别比喻术语翻译“找译译法”和“现有译法”中的理解难点和注意事项，希望能为正确理解、完整地认识这两种翻译方法提供新视角、展示新思维。

2.4.2 “有名用其名”视角下的“找译译法”

正如人们在正式社交场合或者在说明其身份的文件上必须使用自己的法定姓名，即“有名用其名”一样，在翻译有译语对应词的原语术语时，也必须遵循“有名用其名”的基本公理，使用原语术语在译语专业文献中已有的、通用且规范的译语对应词。由于这些译语对应词“在译语国家、译语民族中已约定俗成，已广为使用，已深深植根于译语专业文献中，故而用其作为原语术语的译名，不仅含义准确，而且易于为译语国家、译语民族所理解和接受”（李亚舒、徐树德，2016：38）。要获得原语术语的译语对应词，即与之相对应的规范译名，其最佳途径就是通过阅读译语专业文献，从中“找出”这些在译语专业文献中已有的与原语术语相对应的译语对应词。基于此，我们将这种翻译方法概括成“找译译法”，并将其界定为：“找译译法”是一种依据原语术语概念内涵，通过适当的方法，直接从译语专业文献中找出与该原语术语概念内涵相对应的译语术语的翻译方法。或者说，“找译译法”是一种基于专业概念等同，尊重译语国家或译语民族术语命名权的术语翻译方法。

在译语文献中已存在与原语术语相对应的译语对应词的条件下，“找译译法”是最能准确得到与原语术语相对应的译语术语的翻译方法。由于有译语对应词的原语术语在全部原语术语中占绝大多数，故而“找译译法”是一种适用于绝大多数原语术语的翻译方法。正确解决了这一部分原语术语的翻译问题，也就是解决了绝大多数原语术语的翻译问题，故加强对“找译译法”的理论和实务研究意义重大，应引起高度重视。

不过，我们在将“找译译法”思路比作人们“有名用其名”的朴素思维方式时，需特别注意的是，其中的“有名”之“名”，何为其名？显然，“有名用其名”中的“名”应为当下人们的“法定姓名”，而不是过去曾用的“法定姓名”，更不是小名、昵称之类。对于“找译译法”而言，也存在着同样的问题。直接从译语专业文献中“找出”与原语术语相对应的译语对应词时，除了要确保译语对应词与原语术语在概念内涵上的高度等同外，还要确保所“找出”的译语对应词应是目前译语专业文献中通用、规范的译语术语。在表 2-1 中，依据全国科学技术名词审定委员会（下文简称“全国科技名词委”）公布的规范科技名词，列出了 10 例不同学科原语术语的规范译语术语和非规范译语术语，供采用“找译译法”翻译术语时参考。

表 2-1　不同学科原语术语的规范译语术语和非规范译语术语

原语术语	学科	规范译语术语	非规范译语术语
piston underside pumping effect	航海	活塞下部泵气功能	活塞下部泵效应
cash crop	地理	经济作物	现金作物
space station	测绘	空间站	太空站
air hardening	机械	空冷淬火	气冷硬化
Kepler orbit	天文	开普勒轨道	克卜勒轨道
power angle stability	电力	功角稳定	电力角稳定性
pyrometallurgical process	化工	火法冶金过程	高温冶金法
lacing wire	船舶	拉筋	系索
ascovirus	昆虫	囊泡病毒	子囊病毒
tolerogen	免疫	耐受原	免疫耐原

2.4.3　“无名才起名”视角下的“现有译法”

正如一切新生事物产生之初，由于尚无名字，必须按一定流程起名，即“无名才起名”一样，在翻译无译语对应词的原语术语，即通常所说的指称新事物、新概念的原语术语时，正是由于该原语术语在译语专业文献中尚无名字，因此才必须按“无名才起名”公认的基本起名流程，采用“现有译法”为之起译名。

什么是“无名才起名”公认的基本起名流程呢？以下仅以相沿成习的新生儿起名流程为例加以说明。

（1）新生儿诞生，全家皆大欢喜，给其“起名”便成为第一要务。

（2）给新生儿起名，有从喜庆角度起名的，有从吉利角度起名的，有从望子成龙角度起名的……常常是爸起一名，妈起一名，爷起一名，奶起一名……名称之多，不一而足，然而在没有统一意见前，这些统统为推荐名，不宜直接使用，以免造成混乱。

（3）经过家庭成员充分协商、统一意见后，从推荐名中优选出大家——至少是多数人——认可的推荐名，约定为新生儿的正式名字，而后方能用之于报户口，称其名。

事虽有别，理之相通。与新生儿“无名才起名”流程相对应，以下是无译语对应词的原语术语，即新原语术语采用“现有译法”起译名时应遵循的基本起名流程。

（1）新原语术语问世，备受各方关注，征集译名工作启动。

（2）依据新原语术语的概念内涵、特征属性等，给其起译名。由于各人的观察角度不同，概括某一事物的用词习惯不同，加之新原语术语本身所指称的概念又具有诸多不同的特征属性，故不同的人为同一术语所起的译名常常会各不相同，从而形成了同一原语术语对应多种不同译名的混乱现象。然而，在没有得出统一结论前，这些不同译名统统应为推荐译名，而不能被作为正式译名，以免引起混乱。

（3）经过各方协调，统一意见后，从推荐译名中优选出大家——至少是多数人——认可的推荐译名，约定为新原语术语即无译语对应词的原语术语的正式译名，而后方能将其用于学术交流。

基于以上从“无名才起名”视角所做的分析可以看出，“现有译法”是一种适用于在译语专业文献中尚无译语对应词的原语术语的翻译方法；在采用“现有译法”为无译语对应词的原语术语起译名的翻译实践中，务必准确、完整地遵循以上基本起名流程，否则就会引起译名混乱，乃至形成误译。

然而，遗憾的是，某些论及术语翻译方法的专著、论文及教材，在向读者介绍术语“现有译法”时，却明显违反了“无名才起名”公认的基本起名流程，仅仅介绍到采用“现有译法”将新原语术语翻译成推荐译名这一步，或者说仅仅完成了上述基本起名流程中的第一步和第二步的一部分，而忽略了上述无译语对应词的原语术语起译名时应遵循的基本起名流程中第二步的其余部分和第三步的内容，既没有说明各人的观察角度不同等原因造成的同一原语术语对应多种不同推荐译名的混乱现象，也没有说明必须通过各方协调，统一意见，从推荐译名中优选出大家——至少是多数人——认可的推荐译名，将其约定为新原语术语即无译语对应词的原语术语的正式译名，而后方能将其用于学术交流的相关内容。

因此，某些翻译专著、论文及教材中所介绍的“现有译法”，实际上缺失了无译语对应词的原语术语翻译所必须具备的关键环节——“约定定名”。故由此得出的译语术语，并非真正意义上的术语，而只能是推荐性的译语术语，因为按照术语的经典定义，术语是“通过语音或文字表达或限定专业概念的约定性符号”。未经“约定定名”，何为术语？

2.4.4　全国科技名词委四个新元素的中文命名实践——“现有译法”的准确完整示范

2016 年与 2017 年之交，全国科技名词委组织全国专家学者对 113 号元素 nihonium、115 号元素 moscovium、117 号元素 tennessine 和 118 号元素 oganesson 这四个新元素进行了中文命名（实际上就是为这四个新元素起中文译名）的实践，为“无名才起名”且起名必须遵循公认的基本起名流程和“现有译法”的相关规定与注意事项，做出了示范，树立了榜样。

国际纯粹与应用化学联合会（International Union of Pure and Applied Chemistry，IUPAC）对这四个新元素的英文命名情况和全国科技名词委对这四个新元素的中文定名（即翻译）情况简介如下，供术语翻译与术语研究工作者学习与参考。

首先，IUPAC 对这四个新元素的英文命名情况简介如下（张焕乔，2017：26）。

2015 年 12 月 30 日，IUPAC 确认人工合成了 113 号、115 号、117 号和 118 号四个新元素。

2016 年 6 月 8 日，IUPAC 经过审核后发布了 113 号、115 号、117 号

和 118 号这四个新元素的推荐名 nihonium、moscovium、tennessine 和 oganesson。

2016 年 11 月 30 日，在经历了近 6 个月的公众审查期后，IUPAC 正式公布了 113 号、115 号、117 号和 118 号这四个新元素的英文命名和符号，分别是 113 号元素名为 nihonium，符号为 Nh，源于日本国的国名 Nihon；115 号元素名为 moscovium，符号为 Mc，源于莫斯科市的市名 Moscow；117 号元素名为 tennessine，符号为 Ts，源于美国田纳西州的州名 Tennessee；118 号元素名为 oganesson，符号为 Og，源于俄罗斯核物理学家尤里·奥加涅相（Yuri Oganessian）。

其次，全国科技名词委对这四个新元素的中文命名，即将这四个新元素的英文名称翻译成中文的情况简介如下。

2016 年 11 月 17 日，全国科技名词委开始向社会广泛征集这四个新元素 nihonium、moscovium、tennessine 和 oganesson 的中文命名（中国科技术语编辑部，2017：卷首语）。此乃大体相当于本书 2.4.3 节中所介绍的无译语对应词的原语术语，即新原语术语采用“现有译法”起译名时应遵循的基本起名流程的第一步。

此后，各界人士纷纷响应，依据新元素原语术语的概念内涵、属性特征、元素命名规则、尽量不新造汉字和遵循译语（即汉语）民族的语言表达习惯等定则，给新原语术语起“推荐中文名”。据报道，截止到 2016 年 12 月 12 日，仅 113 号元素 nihonium，就收到 76 种“推荐中文名”（才磊，2017：39）。由于这 76 种“推荐中文名”或曰“推荐译名”仅具有推荐性质，故不能被作为“正式译名”使用，以免引起混乱。这大体相当于本书 2.4.3 节中所介绍的基本起名流程的第二步。

2017 年 1 月 15 日，新元素中文定名会召开，各方经过协调，统一意见后，约定了 113 号、115 号、117 号和 118 号四个新元素的“中文定名”（中国科技术语编辑部，2017：卷首语），即这四个新元素的“正式译名”。这大体相当于本书 2.4.3 节中所介绍的基本起名流程的第三步。

综而观之，全国科技名词委对这四个新元素的中文命名，即将这四个新元素的英文名称翻译成中文的翻译实践和所遵循的翻译路径，完全符合本书 2.4.3 节所论述的基本起名流程，是将“现有译法”用于新原语术语翻译的准确完整示范。

2.4.5　以全国科技名词委四个新元素的中文命名实践为镜，试论“现有译法”的准确完整表述

由全国科技名词委组织实施的 nihonium、moscovium、tennessine 和 oganesson 四个新元素的中文命名工作，历经集思广益（通过官网、微博与微信，广泛征集新元素中文名）、深入研讨（组织各界专家学者召开研讨会，经过综合考虑、认真推敲、仔细权衡，分别提出四个新元素的“中文推荐名”）、发扬民主（全国科技名词委联合国家语言文字工作委员会，组织化学、物理学、语言学等方面的专家召开四个新元素的中文定名会，以无记名投票方式选出这四个新元素的“中文定名”），而后由全国科技名词委将定名意见上报教育部，就新造汉字征求国家语言文字工作委员会的意见。2017 年 3 月 10 日，这四个新元素的中文名字得到国家语言文字工作委员会的同意，并被纳入国家规范用字，经全国科技名词委批准予以公布使用。

古人云：“夫以铜为镜，可以正衣冠；以史为镜，可以知兴替；以人为镜，可以明得失。”我们不妨以全国科技名词委对 nihonium、moscovium、tennessine 和 oganesson 这四个新元素的中文命名（即翻译）为镜，照一照目前我国某些翻译专著、论文及教材向读者推介的“现有译法”是否与这四个新元素的中文命名（即翻译）的方法、程序相一致。

全国科技名词委对这四个新元素的中文命名，即将这四个新元素的英文名称翻译成中文的翻译实践，与目前我国某些翻译专著、论文及教材所介绍的“现有译法”相比，第一个显著的不同点就是全国科技名词委将经过集思广益、深入调研所给出的四个新元素的译名仅仅视为“中文推荐名”。例如，在一篇关于四个新元素的中文命名工作综述的论文中（才磊，2017），作者先后十余次提及“中文推荐名”一词，并且认为尚需约定方能从“中文推荐名”中遴选出“中文定名”（即中文正式译名）。我国某些翻译专著、论文及教材所介绍的“现有译法”，却从来没有出现过“中文推荐名”以及类似的“推荐译名”等术语，亦未出现过尚需约定方能成为“中文定名”（即中文正式译名）的表述。似乎只要人们按照上述“现有译法”中的直译、意译、音译等方法将原语术语翻译成了译语术语就可

以，根本不需要通过约定来“定名”。总之，以全国科技名词委四个新元素中文命名实践为镜，审视一下某些翻译专著、论文及教材所介绍的“现有译法”，我们就会发现：这些翻译专著、论文及教材所介绍的“现有译法”，实际上缺失了无译语对应词的原语术语翻译所必须具备的关键环节——“约定定名”。

全国科技名词委对这四个新元素的中文命名，即将这四个新元素的英文名称翻译成中文的翻译实践，与目前我国某些翻译专著、论文及教材所介绍的“现有译法”相比，第二个显著的不同点就是此次全国科技名词委组织实施的四个新元素的中文定名（即翻译）所涉及的翻译对象均为新产生的原语术语，即全国科技名词委所采用的中文命名（即翻译）方法，仅适用于新产生的、尚无译语对应词的原语术语翻译。某些翻译专著、论文及教材在介绍“现有译法”时，却从来不提及它所涉及的翻译对象，即“现有译法”的适用范围问题。故这些翻译专著、论文及教材所介绍的“现有译法”没有对其本身适用的范围做出必要说明。

基于上述情况，我们可以看出，某些翻译专著、论文及教材所介绍的“现有译法”不仅是一种缺失了“约定定名”的“现有译法”，同时还是一种没有对其本身的适用范围做出必要说明的“现有译法”。正是因为该翻译方法缺失了“约定定名”环节，所以采用该翻译方法翻译出的术语失去了能够作为术语的基本条件，即术语是“约定性”符号；正因为该翻译方法没有对其自身适用范围做出必要说明，所以该翻译方法被广泛误用到了有译语对应词的原语术语翻译上，从而导致了诸多有译语对应词的原语术语的广泛误译。这两种失误的叠加，致使目前我国某些汉英词典，乃至一些人们常用的在线翻译工具误将这种“现有译法”用到了有译语对应词的原语术语翻译上，从而导致了诸多有译语对应词的原语术语的译名误译与泛化，一个本来在译语专业文献中已有了译语对应词的原语术语，因误用“现有译法”而被翻译成四五种乃至十余种误译译名的现象屡见不鲜，诸如“全连铸”至少已被翻译成 14 种误译译名（详见本书 4.5 节），“高炉大修”至少已被翻译成 8 种误译译名（详见本书 5.7.7 节），“非物质文化遗产”至少已被翻译成 9 种误译译名（详见本书 4.2 节），“溅渣护炉”至少已被翻译成 6 种误译译名（详见本书 5.7.7 节）。这种既缺失“约定定名”，又没有对自身适用范围做出必要说明的“现有译法”，对术语翻译所造成的危害可见一斑。

因此，只有在某些翻译专著、论文及教材所介绍的“现有译法”的基础上，对其进行以下修正与补充，才是“现有译法”准确、完整的表述：①“现有译法”仅适用于无译语对应词即新产生的原语术语的翻译。②采用“现有译法”翻译出来的“译语术语”，尚不是真正意义上的“译语术语”，而是“推荐译语术语”，即“推荐译名”；只有通过“约定定名”，如全国科技名词委组织实施的约定定名，国家标准或行业标准规定的约定定名，以及被书刊报章广泛使用、已形成社会共识后取得的社会约定定名，方能成为“正式术语”，或曰“正式译名”，被引入各类专业文献和媒体中使用。③在尚未从“推荐译名”中约定得出“正式译名”前，如果必须在文献中使用“推荐译名”，可参照郑述谱教授提出的“不译法”“试译法”“定义法”“连缀法”等方法加以灵活处理，以免造成因不同译者对同一原语术语给出的不同“推荐译名”而引发的译名混乱（郑述谱，2012）。

2.4.6　结语

本节从“有名用其名，无名才起名”的基本公理视角，深入浅出地探讨了术语“找译译法”和“现有译法”的科学性和必要性，指出了“找译译法”适用于有译语对应词的原语术语翻译，而“现有译法”适用于无译语对应词的原语术语翻译。将“现有译法”误用到有译语对应词的原语术语翻译中，是造成目前术语误译的主要原因。与此同时，本节还以相沿成习的新生儿起名流程为例，论证了某些专著、论文及教材中所介绍的术语“现有译法”实际上是一种既缺失“约定定名”，又没有对自身适用范围做出必要说明的“现有译法”。此外，本节还以 IUPAC 正式公布的 113 号、115 号、117 号和 118 号四个新元素的中文定名为例，说明了无译语对应词的原语术语即新原语术语翻译应遵循的基本起名流程。在以上分析与论证的基础上，本节给出了“现有译法”的准确完整表述。

2.5 语言符号任意性和不变性视角下的“现有译法”与“找译译法”研究①

2.5.1 引言

术语翻译是将原语术语的语言符号转变为译语术语语言符号的思维过程，故而术语翻译必然会受到索绪尔的语言符号任意性和不变性的制约。从索绪尔的语言符号任意性和不变性视角对术语翻译的“现有译法”和“找译译法”进行探讨后发现，索绪尔语言符号的任意性论断是“现有译法”的理论基础，索绪尔语言符号的不变性论断是“找译译法”的理论基础。

2.5.2 索绪尔的语言学与术语翻译

索绪尔是世界上最著名、影响最深远的语言学家之一。他所提出的语言符号任意性和不变性论断，看似相互矛盾、无法调和，但对于现代语言学的确立与发展却起到了不可替代的重要作用，是构建现代语言学的重要理论基础之一。

术语是通过语音或文字来表达或限定专业概念的约定性语言符号，术语翻译是将原语术语的语言符号转变为译语术语语言符号的思维过程，通过翻译所获得的与原语术语语言符号相对应的译语术语语言符号是这一思维过程的直接产物，故而术语翻译必然会受到语言符号任意性和不变性的制约。因此，全面、准确地理解索绪尔有关语言符号任意性与不变性的论述，对于正确认识、深入地探讨术语翻译方法及其适用条件等术语翻译的基本问题，无疑都具有重要的参考价值和指导作用。

然而，在如何立足索绪尔的语言符号任意性和不变性视角，对术语“现有译法”和“找译译法”进行理论分析、探索二者的关系、厘清二者的适用条件等方面，笔者囿于视野，至今未见有人论及。笔者尝试将索绪尔的

---

① 本节曾以《语言符号任意性和不变性视角下的术语翻译方法研究》为题在《上海理工大学学报》（社会科学版）2018 年第 3 期上发表。收入本书时，标题与正文文字略有修改。

语言符号任意性和不变性理论用于这两种术语翻译方法的研究中，希望能为术语翻译敲开一扇新的研究之门。

2.5.3　循规蹈矩，何以致误?

关于语言符号的任意性，索绪尔在《普通语言学教程》一书中对此做出了如下解释：“能指和所指的联系是任意的，或者，因为我们所说的符号是指能指和所指相联结所产生的整体，我们可以更简单地说：语言符号是任意的。”（费尔迪南·德·索绪尔，1980：102）继而，他又举例说：“例如‘姊妹’的观念在法语里同用来做它的能指的 s-ö-r（sœur）这串声音没有任何内在的关系；它也可以用任何别的声音来表示。”（费尔迪南·德·索绪尔，1980：102-103）

既然索绪尔认为“能指和所指的联系是任意的”，继而推断出“语言符号是任意的”，并且举例说明“姊妹”既可以用“s-ö-r（sœur）这串声音”，“也可以用任何别的声音来表示”，那么岂不是说，每一概念（所指）都可以任意拥有多种名称（能指）吗？对于术语翻译而言，岂不是说每一概念（所指）都可以被任意翻译成多种译名（能指）吗？于是乎，一些译者在翻译专业文献时，遇到双语词典查不到的专业术语，就采用“现有译法”，或直译，或意译，或音译，或形译，或音意兼译，直接将原语术语翻译成译语术语，并且不加任何说明便放入自己的译文中。据近年发表的术语纠错论文提供的资料，仅某一个汉语术语被不同译者采用“现有译法”翻译成了几种甚至十几种英文术语，并被刊登于各种正式出版物中广为流传且均为误译的情况屡见不鲜。现将近年发表的术语纠错论文披露出的正式出版物中出现的术语误译译名实例列表如下，以证其实（表 2-2）。

表 2-2　出版物中术语误译译名实例

原语术语	不同译者采用“现有译法”给出的术语误译译名实例	纠错论文给出的正确译名
全连铸	wholly continuous casting、sequence casting、full continuous casting、sequence continuous casting、full CC、continuous-continuous casting、continuous continuous casting、fully continuous casting、fully CC、total continuous casting、all continuous casting、full line continuous casting、the whole continuous casting、sequential casting	100% continuous casting（徐树德，2009：33-36）

续表

原语术语	不同译者采用“现有译法”给出的术语误译译名实例	纠错论文给出的正确译名
多炉连浇	multi-heat continuous casting、multiple-heat uninterrupted casting、back to back casting	sequence casting （徐树德、赵予生，2010）
法定代表人	legal representative、legal deputy、legal person、corporation representative	chief executive officer （唐义均、丁媛，2016：43-46）

表 2-2 中所列出的误译译名的译者既具有丰富的专业知识，又具有相当的英文水平，他们在翻译上述专业术语时，既遵循索绪尔认定的“能指和所指的联系是任意的”及“语言符号是任意的”等语言学之规，又蹈术语“现有译法”翻译方法之矩。但是为什么如此翻译出的译名却错误百出呢？

笔者认为，这既非索绪尔的语言学理论之错，亦非“现有译法”本身之误，关键是无论什么理论，包括语言符号任意性和不变性理论，都不能放之四海而皆准；无论什么翻译方法，包括“现有译法”和“找译译法”，总会受其适用条件的制约。因此，考察语言符号任意性和不变性的真谛，探索“现有译法”和“找译译法”的理论依据，既是解开术语翻译“循规蹈矩，何以致误”的一把钥匙，又是正确认识“现有译法”和“找译译法”的适用条件，并将其运用到术语翻译实践中的必要前提。

2.5.4 语言符号任意性——“现有译法”的理论基础

研究的目的不同，术语的分类亦不同。按专业研究分类，术语可分为数学术语、物理术语、化学术语等；按语种研究分类，术语可分为汉语术语、英语术语、俄语术语等；按概念含义多寡研究分类，术语可分为单义术语、双义术语、多义术语等。但就术语翻译研究而言，从索绪尔语言符号任意性和不变性视角去观察，笔者以为还是按原语术语在译语专业文献中有无对应的译语术语，将其分为有译语对应词的原语术语和无译语对应词的原语术语为好。

由于地域分布、科技发展和语言文化等方面的差异，原语国家、原语民族中已有的原语术语在译语国家、译语民族中未必都有与之对应的译语术语。因此，对于那些在译语中尚无对应译语术语的原语术语，即在诸多情况下人们称之为新词的原语术语而言，任何译者或相关专业人员都有权依据索绪尔提出的“能指和所指的联系是任意的”及“语言符号是任意的”等语言学规则和原语术语概念的本质特征，选用译语国家、译语民族喜闻乐见的用词习惯和表达方式，采用直译、意译、音译、形译或音意兼译等“现有译法”，为其创译译名。由于在此期间这些创译的译名仅为个别人首先提出，其本身具有推荐、试用的性质，且仅在部分人群中得以传播与使用，尚未形成社会共识，故这一阶段被称为术语译名推荐期。

以英文 zebra 的汉译为例。zebra 现译为“斑马”，是非洲的特产，故起初我国没有与之相对应的汉语术语。当国人在国外见到 zebra，或在外文资料中看到 zebra 的介绍并想将其介绍到国内时，就必须赋之以合适的译名。此乃华人圈跨越 1800 余年不断有人赋予 zebra 不同译名的重要动力之一。

据范守义（2003：15-16）考证，严复认为 zebra 即为《汉书》中的“天马”。由于《汉书》成书于东汉时期，如此一来，“天马”可能会是 zebra 的第一个译名。1415 年，陈诚在《西域番国志》中将一种“头耳似驴，马蹄驴尾，遍身纹彩，黑白相间”的动物称为“花兽”，这可能是 zebra 的第二个译名。在此后约 500 年的时间段内，有文字明确记载的译名先后有旅游者、出使者、文人墨客分别将 zebra 翻译成的“福鹿”“花驴”“斑驴”“斑马”“花马”“花条马”“芝不拉”等。从《汉书》给出 zebra 的第一个译名“天马”至 20 世纪初的 1800 余年间，先后有 9 种 zebra 的推荐译名出现。在此期间出现的各种推荐译名，有按其吉祥义称之者，“天马”“福鹿”是也；有按其花斑纹路加中心词“驴”或“马”称之者，“花驴”“斑驴”“斑马”“花马”“花条马”是也；亦有按 zebra 的发音称之者，“芝不拉”是也。以上采用“现有译法”为 zebra 创译出的各种推荐译名，在长达 1800 余年的术语译名推荐期内，先后出现，长期共存，此消彼长，在一定的时间内、在不同的人群中，承担着汉语指称 zebra 这一动物的重任，充分体现了索绪尔“能指和所指的联系是任意的”及“语言符号是任意的”这些精辟论断；同时也证明了“现有译法”在译名尚未约定俗成、达成社会共识之前的不可替代的重要作用，以及用之产生出 8 种栩栩如生的推荐译名和 1 种循声称物的推荐译名的旺盛产出能力。索绪尔的语言符号任意性论断在翻译无译语对应词的原语术语时所表现出的极端重要性和天然合理性就在于能最大限度地激发人们的想象力，为原语术语“创译”出与之对应的、可供选择的译语术语，从而为“现有译法”提供理论支撑，使“现有译法”成为无译语对应词的原语术语的最佳翻译方法。从这个意义上说，索绪尔语言符号任意性论断是“现有译法”的理论基础，当属实至名归。

同时，我们也必须看到，以索绪尔的语言符号任意性理论为支撑的“现有译法”是一柄双刃剑。一方面，它能使人广开思路，为概念（所指）贡献出尽可能多可供选择的术语推荐译名（能指）；另一方面，它会造成同一概念（所指）、同一原语术语具有几种乃至十几种译名。如以上文的 zebra 汉译为例，同一种动物在译名推荐期内竟有 9 种译名。由此一来造成的译名（能指）泛化，必然会导致译名（能指）混乱，从而直接影响到术语最基本的称名和交际功能。为了减轻术语译名推荐期内同一原语术语可能具有多种译名引发的混乱，一些学者提出了积极的应对之策。例如，郑述谱提出了“不译法”“试译法”“定义法”“连缀法”等方法。这几种方法虽各有优点，但笔者以为其中尤以“试译法”为佳。现摘录于下，供译者在翻译术语译名推荐期的原语术语时参考。“‘试译法’指在术语译文之后或标出‘又译……’，或附上原文。这样做等于告诉读者，现有的翻译仅仅是一种可供选择的方案之一。附加原文是给有条件的读者查对外文提供方便。这其中还有对更好翻译的期待，体现出一种商量、切磋的态度。”（郑述谱，2012：104）

尽管上述“不译法”“试译法”“定义法”“连缀法”等会在一定程度上减轻术语译名推荐期内同一原语术语具有多种译名引发的混乱，但仅为减轻而已。只要同一原语术语存在多种译名，由此产生的译名混乱就必然存在。要从根本上消除同一原语术语具有多种译名导致的混乱，最好的方法就是通过优胜劣汰，从这些译名中优选出最符合译语国家、译语民族语言习惯，且最能为译语社会广泛接受的名称，作为原语术语通用、规范的正式术语译名。这就正如索绪尔所说：“事实上，一个社会所接受的任何表达手段，原则上都是以集体习惯，或者同样可以说，以约定俗成为基础的。”（费尔迪南・德・索绪尔，1980：103）

2.5.5 语言符号不变性——“找译译法”的理论基础

从 20 世纪初至今的百余年间，中外交流日益频繁，中外合作日趋密切。

尤其是进入 21 世纪后，随着信息化时代的到来，远距离的信息沟通、信息交流、信息传递犹如直接晤面般快捷、方便。与此同时，在党和政府的关怀和指导下，我国术语学研究日益深入，术语学建设日益加强，加之各专业人士和翻译人员对术语翻译规律的认识和翻译技巧的掌握日渐成熟，因此术语译名的定名时间大为缩短。一些指称新事物、新科技、新概念的原语术语，如近年的 bluetooth、Zika virus 等，甚至直接跨越了术语译名推荐期，一译定名，分别被翻译成了“蓝牙”和“寨卡病毒”。由此一来，这些指称新事物、新概念的原语术语也就成了有译语对应词的原语术语。如果再加上各专业过去几十年甚至上百年间累积下来的数量庞大的有译语对应词的原语术语，这样，在各专业中，有译语对应词的原语术语的数量便远远大于无译语对应词的原语术语的数量，这已成为一个不争的事实。

正是由于这些原语术语在译语专业文献中已有了与之对应的通用、规范的译语术语，并且这些“译语术语在译语国家、译语民族中已约定俗成，已广为使用，已深深植根于译语专业文献中，故而用其作为原语术语的译名，不仅含义准确，而且易于为译语国家、译语民族所理解和接受”（李亚舒、徐树德，2016：38）。因此，在翻译有译语对应词的原语术语时，我们应尊重译语国家、译语民族专业文献中这些业已存在的译语术语，采用“找译译法”，直接从译语专业文献中“找出”与这些原语术语相对应的译语术语为己所用，而绝不应采用“现有译法”，为这些原语术语再“创译”出新的译语术语，去代替和改变译语国家、译语民族专业文献中这些业已存在的译语术语。

也许是索绪尔提出的语言符号任意性的思想光辉过于耀眼，人们在将索绪尔语言学应用到术语翻译研究中时，过多地注意到了语言符号任意性及在该理论支撑下的“现有译法”，甚至在术语翻译实践中错误地扩大了“现有译法”的适用范围，将其误用于有译语对应词的原语术语翻译。其主要表现就是：有些译者在翻译有译语对应词的原语术语时，无视那些在译语国家、译语民族中已约定俗成、广为使用且深深植根于译语专业文献中的与原语术语相对应的译语术语，而企图根据自己的思维方式、用词习惯，采用“现有译法”为同一概念的原语术语“创译”出新的译语术语，来取代和改变译语国家、译语民族通过优胜劣汰、约定俗成最终选定的译语术语，从而在事实上否定了索绪尔提出的语言符号不变性理论及在该理论支撑下的“找译译法”。其实，就术语翻译而言，索绪尔提出的语言符号不变性理论的重要性一点也不亚于语言符号任意性理论。请看以下索绪尔对语言符号不变性原则的相关论述：

> 能指对它所表示的观念来说，看来是自由选择的，相反，对使用它的语言社会来说，却不是自由的，而是强制的。语言并不同社会大众商量，它所选择的能指不能用另外一个来代替。这一事实似乎包含着一种矛盾，我们可以通俗地叫做“强势的牌”。人们对语言说：“你选择吧！”但是随即加上一句：“你必须选择这个符号，不能选择别的。”已经选定的东西，不但个人即使想改变也不能丝毫有所改变，就是大众也不能对任何一个词行使它的主权。（费尔迪南·德·索绪尔，1980：107）
>
> 任意性这个词还要加上一个注解。它不应该使人想起能指完全取决于说话者的自由选择（我们在下面可以看到，一个符号在语言集体中确立后，个人是不能对它有任何改变的）。（费尔迪南·德·索绪尔，1980：104）

索绪尔在以上论述中强调了“强势的牌”“你必须选择这个符号”“已经选定的东西，不但个人即使想改变也不能丝毫有所改变，就是大众也不能对任何一个词行使它的主权”“一个符号在语言集体中确立后，个人是不能对它有任何改变的”等，所有这一切都说明索绪尔所谓的语言符号不变性原则与上面我们论及的“在翻译有译语对应词的原语术语时，我们应尊重译语国家、译语民族专业文献中这些业已存在的译语术语，采用‘找译译法’，直接从译语专业文献中‘找出’与这些原语术语相对应的译语术语为己所用；而绝不应采用‘现有译法’，为这些原语术语再‘创译’出新的译语术语，去代替和改变译语国家、译语民族专业文献中这些业已存在的译语术语”是完全吻合的。

然而，在我国术语翻译实践中，忽视乃至蔑视索绪尔的观点的情况，甚至采用“现有译法”“创译”出新的译名去代替和改变索绪尔观点的这些情况却屡见不鲜。以我国钢铁工业最重要的术语之一，即连普通百姓也耳熟能详的“钢材”一词的英译为例。现代钢铁工业发展史告诉人们，英美现代钢铁工业的形成至少可追溯到 19 世纪末。“钢材”是现代钢铁工业的最主要产品，由此推论，英语国家现代“钢材”概念的形成已有 100 多年的历史。在此期间，用以指称“钢材”概念的英文名称可能有所变化，但现在肯定早已经过优胜劣汰、约定俗成，形成了英语国家及其民族通用、规范的名称，即索绪尔所说的“强势的牌”、“你必须选择”的“这个符号”、“已经选定的东西”。因此，在翻译英语国家及其民族中已有通用、规范英文名称的汉语术语——“钢材”时，我们应抱着尊重甚至敬畏的态度，来对待他们早已约定俗成的“钢材”的英文名称，采用“拿来主义”的办法，直接从英文原版钢铁专业文献中“找出”与汉语“钢材”相对应的通用、规范的英文名称。绝不能像翻译英语国家及其民族中尚无通用、规范英文名称的汉语术语那样，采用“现有译法”，“创译”出汉语术语“钢材”的英文名称。然而遗憾的是，根据笔者调研，从 20 世纪 70 年代末至今我国翻译界和钢铁行业的一些相关人士在将诸多公开出版物中的汉语术语“钢材”翻译成英文时，却根本没有考虑英文原版钢铁专业文献中是否已存在索绪尔所说的与汉语“钢材”相对应的“强势的牌”、“你必须选择”的“这个符号”或“已经选定的东西”，更谈不上从中“找出”与汉语“钢材”相对应的英文名称，而是一律采用目前广为流行的“现有译法”，或直译，或意译，为汉语“钢材”“创译”出了至少 5 个英文误译译名，即 steel materials、steel product(s)、steel stock、rolled steel、rolled product(s)。2014 年 8 月，《匪夷所思，确乎存在：“钢材”误译评析》（徐树德、赵予生，2014）一文在我国钢铁专业核心期刊《中国冶金》上发表。该文作者遵循英文术语应以英文专业文献尤其是权威英文专业标准为准的基本准则，采用“找译译法”，对包括国际标准《钢产品定义与分类》（ISO 6929-1987 Steel products — Definitions and classification）[①]在内的大量英文原版钢铁专业文献进行了广泛研读，从中“找出”并论证了英语国家在钢铁专业语境明确的情况下，其通用、规范的“钢材”英文名称应为 finished products；在钢铁专业语境不明确的情况下，其通用、规范的英文名称应为 finished steel products。我国翻译界和钢铁界一些相关人士采用“现有译法”所“创译”的“钢材”的 5 个英文译名 steel materials、steel product(s)、steel stock、rolled steel、rolled product(s)，竟然全系误译。此例充分说明：翻译

① 该国际标准现已废止，但笔者为说明术语源头问题，仍使用这一版本作例。

方法不对，如将仅适用于无译语对应词的原语术语翻译的“现有译法”误用到了有译语对应词的原语术语——“钢材”的翻译中，是造成该术语误译的根本原因。同时，此例也有力地昭示出：索绪尔的语言符号不变性论断在翻译有译语对应词的原语术语时所表现出的极端重要性和天然合理性，就在于它能很好地阐明只有译语国家、译语民族通过优胜劣汰、约定俗成最终选定的词语（能指），即索绪尔所说的“强势的牌”、“你必须选择”的“这个符号”或“已经选定的东西”，才是真正与原语术语相对应的通用、规范的译语术语。这就为“找译译法”提供了理论支撑，使“找译译法”成为有译语对应词的原语术语的最佳翻译方法。从这个意义上说，索绪尔的语言符号不变性论断是“找译译法”的理论基础，就如同索绪尔的语言符号任意性论断是“现有译法”的理论基础一样，同样当属实至名归。

2.5.6　结语

“术语翻译难”（郑述谱，2012）、“术语误译多”（李亚舒，2011），目前已成为制约应用文本翻译质量的瓶颈。然而，究其原委，依据现有文献观之，不外是译者的翻译态度不端、专业知识欠缺、语言水平偏低、翻译技巧阙如等。鉴于此，本节从索绪尔的语言符号任意性和不变性视角，分别以在历史上跨越 1800 余年并有 9 个推荐译名的 zebra 汉译实践和在现实中历经 40 余年并有 5 个推荐译名全系误译的“钢材”英译实践，探讨了“现有译法”和“找译译法”的适用范围，指出“现有译法”适用于译语文献中尚无对应词的原语术语的翻译，“找译译法”适用于译语文献中已有对应词的原语术语翻译；误将“现有译法”用于译语文献中已有对应词的原语术语翻译，是造成目前术语翻译难、术语误译多的根本原因。这一现象应引起翻译界人士的足够重视。

第 3 章 “现有译法”和“找译译法”所得译名正误辨析

3.1 判断译名正误的标准

在与译界同仁交流术语翻译方法时，不时会有人问道：“你认为在译语文献中已存在与原语术语相对应的译语术语的前提条件下，‘找译译法’是最能准确得到与原语术语相对应的译语术语的翻译方法，但在我们的翻译实践中，的确出现过没使用‘找译译法’而使用‘现有译法’仍然得到了正确译名的情况。”言下之意是我们说的“‘找译译法’是最能准确得到与原语术语相对应的译语术语的翻译方法”是错误的，或者说，至少是不严谨的。

面对这种情况，我们通常会要求以上提问的译者举出实例证明之。例如，一些译者举出了连铸专业“长水口”英译实例，说他们按“现有译法”中的直译法，将其翻译成英文 long nozzle 或 extended nozzle，不也是得到了“长水口”正确的英译名吗？当我们进一步问其“何以见得”时，对方的回答通常是某某汉英词典也是这样翻译的，或者某某教授也是这样翻译的。

我们相信上述译者是在没有翻看相关词典或查阅 CNKI 翻译助手所举实例的情况下，采用“现有译法”中的“直译法”自行将“长水口”翻译成英文 long nozzle 或 extended nozzle 的，并且得出了与某汉英词典和某专家、教授论文摘要英译文完全相同的“长水口”英译名。但问题的关键是，这些汉英词典和专家教授的论文摘要英译文给出的“长水口”英译名能作为判断译名正误的标准吗？

在现代，任何国家、任何民族的术语命名，一般都是依据本国家、本民族有关专家和大众的意见，通过优胜劣汰、约定俗成完成的。只有译语国家、译语民族才是译语术语命名、定名的主体。“长水口”这一技术概念源于英语国家，只有英语国家、英语民族对这一技术概念的命名，才是这一技术概念准确、规范、地道的英语名称，同时也是判断“长水口”英文译名正误的标准。我国专家、教授编写的汉英词典、论文摘要给出的“长水口”英译文，如果与英语国家、英语民族对“长水口”的命名一致，那么当然也可以作为判断“长水口”英文译名正误的标准，但如果不一致，显然就不能作为判断“长水口”英文译名正误的标准。

鉴于以上，我们建议那些采用“现有译法”中的“直译法”，自行将“长水口”翻译成英文 long nozzle 或 extended nozzle 的译者，不妨查阅一下英文原版连铸专业文献，看一看英语国家、英语民族的专家、教授，乃至英语国家、英语民族生产一线的连铸工作者是如何用英语来表达“长水口”这一技术概念的。查阅结果表明，英文原版连铸专业文献中用来表达“长水口”这一技术概念的竟然是 ladle shroud（通常可简略为 shroud）。有关人员从英文原版连铸专业文献中查阅到的含有 ladle shroud 和 shroud 的例句如下。

例 3-1

A ladle shroud manipulator is installed on each car and has four powered movements. These are manually controlled and make ladle shroud changing a 1-man operation.（1,92,10,40）

例 3-2

Nitrogen pickup via aspiration has been well documented by McPherson and Henderson. They indicated that if a ladle-to-tundish shroud is not sealed the nitrogen pick-up rate is similar to the rate during open pouring.（2,90,3,50）

例 3-3

Unfortunately, the presence of a ceramic shroud does not ensure the elimination of reoxidation. It can be very difficult to seal the joint between the collector nozzle and ceramic shroud, as we have just discussed.（2,90,3,50）

“长水口”在连铸专业中指的是位于连铸钢包和中间包之间，用于防止钢水二次氧化和在中间包内飞溅的熔融石英质或铝碳质长形耐火水口。稍懂英文、初具连铸专业知识的人士都能从以上三句例句中准确判断出 ladle shroud 或 shroud 即为在英文原版连铸专业文献中业已存在且已约定俗成的指称“长水口”概念的通用、规范的英译名。尤其是例（3-2）中的

ladle-to-tundish shroud，直译为“由钢包通向中间包的 shroud”，意译为“位于钢包和中间包之间的 shroud”。根据连铸专业知识，“位于钢包和中间包之间的”设备，唯“长水口”不二。

就单独一个 shroud 而言，其含义为“盖板、护罩、裹尸布、寿衣”等，怎么也难于和“长水口”扯上关系；而 ladle 的含义为“长柄勺、铸桶、铁水包、钢水包”等，由它与 shroud 组成的词组——ladle shroud，更是难于和“长水口”扯上关系。这对于汉语译者来说，采用“现有译法”，即根据“长水口”的本质属性、英语民族的用词习惯和表达方式，无论如何也不可能将有译语对应词的原语术语“长水口”翻译成 ladle shroud 或 shroud，或者说无论如何也想不到汉语“长水口”通用、规范的英译名应为 ladle shroud 或 shroud；只有采用“找译译法”，才能从英文原版专业文献中真正找到与“长水口”概念等同的英译名——ladle shroud，或简称 shroud。此乃英语国家、英语民族约定俗成之故，任何人欲采用“现有译法”改变之、取代之，都是违反术语形成、定名基本规律的。

现代语言学之父索绪尔说过“已经选定的东西，不但个人即使想改变也不能丝毫有所改变，就是大众也不能对任何一个词行使它的主权；不管语言是什么样子，大众都得同它捆绑在一起”（费尔迪南·德·索绪尔，1980：107）。按照索绪尔的这一论断，即使一个以英语为母语的人都无权改变英语国家、英语民族专业文献中这些“已经选定的东西”——ladle shroud 或 shroud，即我们以上所说的“在英文原版连铸专业文献中业已存在且已约定俗成的指称‘长水口’概念的通用、规范的英译名”。更何况，我们的母语是汉语，就更无权再“创译”出新的英语术语，诸如 long nozzle 或 extended nozzle 之类的，去代替和改变 ladle shroud 或 shroud。因此，“在译语文献中已存在与原语术语相对应译语术语的条件下，‘找译译法’是唯一能准确得到与原语术语相对应的译语术语的翻译方法”（李亚舒、徐树德，2016：37）。中文专业术语的命名“以中文专业文献为准”，而英文专业术语的命名“以英文专业文献为准”（李亚舒，2011：137），这个论断的正确性由此得以证实。故而，只有采用“找译译法”从译语专业文献中找出的与原语术语概念等同的译语对应词才是原语术语的正确译名。换言之，原语术语专业概念（所指）与译语术语专业概念（所指）等同是判断采用“找译译法”所得原语术语译名正误的唯一标准。

至于采用“现有译法”“创译”出的术语译名，只有其中通过译语国家、译语民族约定俗成取得社会共识，并使其与原语术语概念等同的译名才是原语术语的唯一正确译名。故而从这个意义上说，原语术语专业概念（所指）与译语术语专业概念（所指）等同也是判断采用“现有译法”所得原语术语译名正误的唯一标准。术语是“通过语音或文字表达或限定专业概念的约定性符号”，不经约定，何为术语？那些未经译语国家、译语民族约定俗成取得社会共识，从而使其与原语术语概念等同的译名，显然是不能被称为原语术语的译名的，充其量只能被称为原语术语的“推荐译名”。

3.2　慎判英文原版，务选地道文献

不过，这里还要提一段小插曲：之前有人说，他已经在英文原版专业文献中找到了用 long nozzle 来指称“长水口”的实例。于是，笔者让他拿来原版一阅。果然，在一本美国钢铁协会主办的第 68 届炼钢会议的论文集（*Proceedings of the 68th Steelmaking Conference*）的一篇论文中，发现了一句含有 long nozzle 的句子，原文如下：“This caster employs a large capacity tundish, a long nozzle between the ladle and tundish and a submerged nozzle between the tundish and mold.”（这台连铸机配置了大容量中间包，在钢包和中间包之间配置了长水口，在中间包和结晶器之间配置了浸入式水口。）难道 long nozzle 同样也是指称“长水口”的规范英文名称吗？经笔者核查该作者的资料后发现，原来该论文的作者系日本人，非英语母语人士，只是将“长水口”误译成了 long nozzle 而已。

时下许多母语为非英语的作者，其专著、论文常常用英文书就、出版及发表，其中术语的使用常因受其母语的影响而出现错误。作为教训，我们在采用“找译译法”从英文原版专业文献中找出原语术语的英语对应词时，务必应慎重判别，精心选用那些英文为母语的作者的地道英文原版专业文献，只有这样，才不至于认误为正，也只有这样，才能准确从英文原版专业文献中找出原语术语的真正的英文对应词。

最后还需提及一点的是，上述英文例句中的 submerged nozzle，也是日本人的误译，正确的译名为 submerged entry nozzle，缩写为 SEN，汉语对应词为“浸入式水口”（详见本书 5.7.2 节的分析论证）。

3.3　猜谜启发下的“现有译法”和“找译译法”所得译名正误辨析

以上所举的“长水口”英译例，对于汉语译者来说，采用“现有译法”是无论如何也翻译不出来的，或者说是无论如何也想不到应该将“长水口”翻译成 ladle shroud，或将其简称为 shroud 的；而只有采用“找译译法”，才能真正找到“长水口”规范、地道的英文对应词。

然而在现实的术语翻译实践中，我们有时也会看到另外一种情况，即在译语文献中已存在与原语术语相对应译语术语的条件下，在采用“现有译法”所得到的诸多译名中，确乎有正确、规范的译名列于其间。

“现有译法”是一种依据原语术语概念本质特征，有时还会依据概念非本质特征，甚至概念比喻义乃至发音等，将原语术语翻译成译语术语的一种翻译方法；加之使用该方法进行翻译时又会受到同义词、同音词乃至不同译者的用词习惯等因素的影响，故而对于同一原语术语，不同的译者常常会赋之以不同的译名。此乃谓之译名泛化。

译名泛化的直接结果就是同一原语术语会有几个乃至十几个译名，并且在诸多译名中，还会有正确、规范的译名列于其间。

例如，至少在此前很长一段时间内，我国纸质冶金专业期刊和各类电子文献的作者采用“现有译法”竟然给出了有译语对应词的原语术语“全连铸”的 15 种英译名，分别是 wholly continuous casting、sequence casting、full continuous casting、sequence continuous casting、full CC、100% continuous casting、continuous-continuous casting、continuous continuous casting、fully continuous casting、fully CC、total continuous casting、all continuous casting、full line continuous casting、the whole continuous casting、sequential casting（详见本书 4.5.2 节）。

由于以上“全连铸”的这 15 种英译名全部是依据“全连铸”的本质特征，严格按照目前我国诸多专著、论文、教材所介绍的“现有译法”中的直译或意译进行翻译的，故从“现有译法”的角度来看，这 15 种英译名应全部是“全连铸”准确、规范的英译名，然而从术语学基本常识来看，一个汉语术语，在同一个专业内，一般只有一个与之相对应的译语术语，在一些特殊情况下，也许会有两三个与之相对应的译语术语。我国纸质冶金专业期刊和各类电子文献的作者，采用“现有译法”在其英译文中竟然给出了“全连铸”的15种英译名，这显然有违术语学的基本常识。但是，依靠“现有译法”本身却又根本不能确定其中哪种是“全连铸”正确的英译名，哪种是错误的英译名，抑或全部是“全连铸”正确的英译名，或者全部是错误的英译名。这样的翻译方法，对于在译语专业文献中已有译语对应词的原语术语而言，虽译，不如不译，译了反而还会误导人们认为举凡采用“现有译法”得出的译语对应词都是正确的，从而导致一系列普遍性误译。

这里讲一个真实的案例。一位冶金学博士研究生导师在其1993年发表的一篇论文摘要的英译文中，选用了上述15种“全连铸”英译名中的一种，将“全连铸”翻译成了正确的译语术语100% continuous casting；而到了1997年，这同一位作者在其发表的另一篇论文摘要的英译文中，却选用了上述15种“全连铸”英译名中的另一种，即将“全连铸”误译成了sequence casting。这种情况说明了什么问题呢？这只能说明，依靠“现有译法”固然能给出“全连铸”的15种英译名，但却根本不可能确定这15种英译名中哪一种是正确的英译名。

“找译译法”则不然。“找译译法”是一种依据原语术语的概念内涵，直接从译语专业文献中找出原语术语对应词的翻译方法。采用这种翻译方法找出的原语术语对应词，对于原语术语而言，变的是语言外壳，不变的是在概念内涵和语用效果上实现了与原语术语的最大等值转换。用其作为原语术语的译名，不仅含义准确，而且易于为译语国家、译语民族所理解和接受，能最大限度地避免出现“翻译对了，不知何以为对；翻译错了，不知何以为错”的问题。仍以“全连铸”英译为例，我们采用“找译译法”，通过查阅大量的英文原版连铸专业文献发现：在上述15种“全连铸”英译名中，唯100% continuous casting才是“全连铸”准确、地道的英译名，而其余14种英译名既未经过英语民族的约定俗成，又不是在英语专业文献中用以指称“全连铸”概念的真实使用的专业术语，故显系误译（具体误译分析详见本书4.5.3节）。故而，在译语文献中已存在与原语术语相对应的译语术语的前提条件下，只有采用“找译译法”获得的译语对应词才是原语术语正确的译名。

为了形象地说明以上问题，我们不妨将“现有译法”比作猜谜语，将“找译译法”比作揭谜底。譬如，给了一个谜语“全连铸”，给出的说明是“全连铸指的是钢铁生产流程中炼钢炉生产的钢水全部采用连铸技术进行浇注”，让译者猜其谜底——“全连铸”——的英译名。于是有的译者依据以上给出的“全连铸”的说明，采用“现有译法”开始猜（即开始译），居然猜出了（即译出了）15 种不同的“全连铸”的英译名。但由于这 15 种不同的“全连铸”英译名，仅是采用“现有译法”依据以上对“全连铸”的说明猜出来的，故在揭开谜底之前，谁也不知道其中哪个译名是正确的，哪个是错误的。

“找译译法”与“现有译法”的本质不同就在于，“找译译法”是依据原语术语的概念内涵，直接从译语专业文献中找出原语术语的英译名，故“找译译法”相当于直接揭开谜底，揭开就是猜中。对于“全连铸”的英译而言，“找译译法”依据的同样是“全连铸指的是钢铁生产流程中炼钢炉生产的钢水全部采用连铸技术进行浇注”的概念内涵，但所使用的方法却不是“猜”，而是直接从译语专业文献中找出与这个概念内涵等同的英译名 100% continuous casting，即相当于直接揭开了“全连铸”英译名的谜底。故将 100% continuous casting 作为“全连铸”准确、规范的英译名，当属铢两悉称，名副其实。

第 4 章　术语误译主因
——误用“现有译法”典型案例评析

4.1　引　　言

“术语翻译难”“术语误译多”，其主要原因不外是译者的翻译态度不端、专业知识欠缺、语言水平偏低或翻译技巧阙如等。

笔者以为，翻译态度不端、专业知识欠缺等确实是造成术语误译的原因，但不能一叶障目，不见泰山，让那些表面的、次要的、非本质的术语误译原因挡住了视线，以致看不见导致术语误译的主因，从而造成一些术语尤其是一些常用术语的长期普遍误译。

术语翻译实践和研究表明：“‘现有译法’适用于译语文献中尚无译语对应词的原语术语翻译；‘找译译法’适用于译语文献中已有译语对应词的原语术语翻译；误将‘现有译法’用之于译语文献中已有译语对应词的原语术语翻译，才是造成目前术语翻译难，术语误译多的根本原因。”（李亚舒、徐树德，2018：218）

一般寓于个别，个别体现一般。本章从六例典型的普遍性术语误译个案入手，“解剖麻雀”，在弄清每一术语误译个案中的原语术语概念内涵有无译语对应词的基础上，深入研究每一术语误译个案中的术语误译现状、术语误译使用的翻译方法和术语正译使用的翻译方法，而后由个别上升到一般，由感性上升到理性，从误用“现有译法”导致术语误译和采用“找译译法”予以匡正的对比上，重点对误译原因以及正确选用翻译方法对避免术语误译的重要性进行了探讨，指出无论是我国某些双语词典还是我国某些书刊报章中存在的术语严重误译，从其源头上来说，都是将“现有译法”误用到有译语对应词的原语术语翻译中的必然结果。在对有译语对应词的原语术语的翻译中，采用“找译译法”，才是避免双语词典和书刊报章中术语误译的治本之道。

4.2 误用“现有译法”导致的术语误译案例 1：“非物质文化遗产”误译评析

4.2.1 引言

何谓“非物质文化遗产”？根据《中华人民共和国非物质文化遗产法》，它是指“各族人民世代相传并视为其文化遗产组成部分的各种传统文化表现形式，以及与传统文化表现形式相关的实物和场所。包括：传统口头文学以及作为其载体的语言；传统美术、书法、音乐、舞蹈、戏剧、曲艺和杂技；传统技艺、医药和历法；传统礼仪、节庆等民俗；传统体育和游艺；其他非物质文化遗产”。

鉴于“非物质文化遗产”系词组型术语，其中的“非物质”“文化”“遗产”所对应的英文词少则两个，多则六七个，故在各类纸质文献和网络媒体中的英译名呈现出缤纷繁杂之态。

4.2.2 “非物质文化遗产”英译现状

早在 2007 年，一篇题为《建立中国术语学之管见》的文章中指出“2005 年 12 月 22 日下发的《国务院关于加强文化遗产保护的通知》规定，从 2006 年起，每年 6 月的第 2 个星期六为中国‘文化遗产日’。随后，中国的报纸、期刊、网络出现了大量的有关‘非物质文化遗产’的文章和报道，其相关标题中术语的英文译名更是五花八门”（马爱英等，2007：15）。

依据对各类纸质文献和网络媒体的调研，“非物质文化遗产”作为一个术语至少已被翻译成 10 种英文译名，即 non-material cultural heritage、non material cultural heritage、non-material culture heritage、non-material culture legacy、non-matter cultural legacy、non-physical cultural heritage、non-substantial cultural heritage、immaterial cultural heritage、immateriality culture legacy、intangible cultural heritage。

术语学常识告诉我们，在世界上任一语言的同一个学科领域内，最为理想的是一个术语只表述一个概念，同一个概念只用同一个术语来表达，否则就会引起概念名称泛化，直接影响术语的交际功能。即便在一些特殊的情况下，如受历史的、地域的、外来语言的等因素影响，指称同一概念的术语通常也不会超过三个。以上“非物质文化遗产”竟被翻译出了 10 种英译名，也就是说，指称同一概念的英语术语竟达 10 个之多，这显然有违常识，十分值得一探究竟。

4.2.3 采用“找译译法”找出与“非物质文化遗产”等值的英译文

2003 年 10 月，《保护非物质文化遗产公约》在联合国教科文组织第 32 届大会上通过。2004 年 8 月，我国第十届全国人民代表大会常委会第十一次会议决定批准《保护非物质文化遗产公约》。自此，保护非物质文化遗产全面上升为我国的国家意志，有关保护非物质文化遗产的研究成果、论述迅速进入我国相关专著、论文、教材乃至大众传媒中。时至今日，“非物质文化遗产”一词几乎成了一个家喻户晓的流行词。与此同时，“非物质文化遗产”一词也作为热门术语被翻译成英文，以适应对外宣传、交流之需。

由此观之，“非物质文化遗产”这一术语，并非中国土生土长的原生态术语，而是从英文翻译而来的“舶来品”。换言之，就在我国各类文献和网络传媒开始使用“非物质文化遗产”这一专业术语之时，与之相对应的英文术语必然早已存在于联合国教科文组织第 32 届大会上通过的《保护非物质文化遗产公约》之中。基于目前我国已成为联合国教科文组织《保护非物质文化遗产公约》的缔约国，故我国译者在将“非物质文化遗产”翻译成英文时，必须在保持概念所指相同的前提下，采用“找译译法”直接从联合国教科文组织《保护非物质文化遗产公约》中找出与汉语“非物质文化遗产”等值的英译文，并将其作为“非物质文化遗产”的准确、规范的英译名。

为此，我们查阅了联合国教科文组织《保护非物质文化遗产公约》英文版第一章第二条“非物质文化遗产”的定义部分如下：

(1) The “<u>intangible cultural heritage</u>” means the practices, representations, expressions, knowledge, skills — as well as the

instruments, objects, artefacts and cultural spaces associated therewith — that communities, groups and, in some cases, individuals recognize as part of their cultural heritage. This intangible cultural heritage, transmitted from generation to generation, is constantly recreated by communities and groups in response to their environment, their interaction with nature and their history, and provides them with a sense of identity and continuity, thus promoting respect for cultural diversity and human creativity. For the purposes of this Convention, consideration will be given solely to such intangible cultural heritage as is compatible with existing international human rights instruments, as well as with the requirements of mutual respect among communities, groups and individuals, and of sustainable development.

(2) The “intangible cultural heritage”, as defined in paragraph 1 above, is manifested inter alia in the following domains:

(a) oral traditions and expressions, including language as a vehicle of the intangible cultural heritage;

(b) performing arts;

(c) social practices, rituals and festive events;

(d) knowledge and practices concerning nature and the universe;

(e) traditional craftsmanship.

从以上“非物质文化遗产”的定义部分，我们按照“找译译法”找出了英文术语 intangible cultural heritage（见其中的画线部分）。我们可以清楚地看出：无论是其中 intangible cultural heritage 所指的概念内涵[即上述定义的第（1）部分]，还是 intangible cultural heritage 所指的概念外延[即上述定义的第（2）部分]，都与汉语“非物质文化遗产”所指的概念内涵和概念外延高度一致，故而可以确定，intangible cultural heritage 即为我们采用“找译译法”从联合国教科文组织《保护非物质文化遗产公约》英文版“非物质文化遗产”的定义部分找出的汉语“非物质文化遗产”准确、规范的英译名。

4.2.4 “非物质文化遗产”误译探因

在上文中，我们采用“找译译法”确定了 intangible cultural heritage 即为汉语“非物质文化遗产”准确、规范的英译名。那么，在前文 4.2.2 节中所列出的除 intangible cultural heritage 之外的 9 种“非物质文化遗产”英译名是否也是汉语术语“非物质文化遗产”准确、规范的英译名？

为此，我们又查阅了一些英文原版相关的文献资料。在这些文献资料中，举凡需要表达“非物质文化遗产”概念之处，均使用了 intangible cultural heritage，无一例外。由此可以确定，intangible cultural heritage 不仅是汉语术语“非物质文化遗产”准确、规范的英译名，同时也是其唯一准确、规范的英译名。在前文 4.2.2 节中所列出的除 intangible cultural heritage 之外的 9 种“非物质文化遗产”英译名竟然均系误译。

一个原语术语被纸质文献和网络媒体误译出的译名竟达 9 种之多，且广为传播，其原因何在呢？

依据“找译译法”的基本理论，面对一个待译的原语术语时，我们首先应辨别一下该原语术语是有译语对应词的原语术语，还是无译语对应词的原语术语。对于有译语对应词的原语术语，正是由于该原语术语在译语专业文献中已有了与之相对应的译语术语，所以我们才应采用“找译译法”直接从译语专业文献中找出与之相对应的译语术语，作为该原语术语的译名；而对于无译语对应词的原语术语，正是由于该原语术语在译语专业文献中尚无与之相对应的译语术语，所以才应采用“现有译法”为其创译出译名。

那么，“非物质文化遗产”是有译语对应词的原语术语，还是无译语对应词的原语术语呢？正如本书 4.2.3 节中所分析的那样，“非物质文化遗产”这一术语并非中国土生土长的原生态术语，而是从英文翻译而来的“舶来品”，故“非物质文化遗产”是一个有译语对应词的原语术语。对其使用的翻译方法，显然应该是“找译译法”，而不是“现有译法”。

从上述 9 种“非物质文化遗产”的误译名来看，其中的“非物质”被误译成了 non-material、non material、non-matter、non-physical、non-substantial、immaterial 或 immateriality，其中的“文化”被翻译成了 cultural 或 culture，其中的“遗产”被翻译成了 heritage 或 legacy。显然，这 9 种“非物质文化遗产”的误译名，均是采用了“现有译法”中的“直译法”进行翻译的。

其中尤以误译名 non-material cultural heritage 和 non material cultural heritage 的出现率和刊出的文献层次最高。请看以下实例：

例 4-1

原文：《非物质文化遗产的保护与民族文化现代化》

译文：Protection of Non-material Cultural Heritage and Modernization National Culture

例 4-2

原文：《彝族口头和非物质文化遗产的保护和利用》

译文：On Protection and Utilization of the Yis' Oral and Non-material Cultural Heritage

例 4-3

原文：《论工艺美术非物质文化遗产创新传承方式》

译文：Theory of Arts and Crafts Non Material Cultural Heritage to Create New Ways of Inheritance

由此看来，得出上述 9 种“非物质文化遗产”误译名的翻译方法，明显违反了对于有译语对应词的原语术语，应采用“找译译法”而不是“现有译法”进行翻译的基本准则。其误译原因显然是将“现有译法”误用到了有译语对应词的原语术语——“非物质文化遗产”的翻译上。由此得出的英译名，误译是必然，不误译则是意外。对于术语翻译，视不同类别的术语选用不同的术语翻译方法的重要性由此可见一斑，万万不可大意。

4.3　误用“现有译法”导致的术语误译案例 2：“钢材”误译评析

4.3.1　引言

“钢材”是钢铁工业最重要的专业术语之一，也是在公众中普及度最高的专业术语之一。环顾四周，从火车、汽车到建筑、机械，从厨具、玩具到卫星、火箭，无不和“钢材”密切相关。但就是这个词龄在百年以上、连普通百姓也耳熟能详的钢铁术语，至少是在我们调研的 1978 年起至今的

40余年间，我国一些科技翻译界和钢铁工业界相关人士在将其翻译成英文时，没有考虑英文原版钢铁专业文献中是否已存在与汉语“钢材”相对应的译语术语，更谈不上从中找出与汉语“钢材”相对应的英文名称，而是一律采用目前广为流行的“现有译法”，或直译，或意译，为汉语“钢材”这一术语“创译”出多种错误的英文译名，其中尤以 steel product(s)、steel materials、steel stock、rolled steel、rolled product(s) 流传最广，影响最大，散见于我国语言的、专业的、综合的、专科的、大型的、小型的等汉英词典和书刊报章中。

2014年8月，《匪夷所思，确乎存在：“钢材”误译评析》一文在我国钢铁专业核心期刊《中国冶金》上发表（徐树德、赵予生，2014）。这是该杂志自创刊以来首次刊载术语析误匡谬论文，一时间，该文点击率蹿升至该期杂志载文首位，足见我国钢铁冶金界对该文的重视；时至今日，该文已公开发表多年，尚无人对该文的观点提出异议。该文遵循英文术语应以英文专业文献尤其是权威英文专业标准为准的基本准则，采用“找译译法”，对包括国际标准《钢产品定义与分类》（ISO 6929-1987 Steel Products — Definitions and Classification）在内的大量英文原版钢铁专业文献进行了广泛研读，从中找出并论证了英语国家、英语民族在钢铁专业语境明确的情况下，“钢材”通用、规范的英文名称应为 finished products；在钢铁专业语境不明确的情况下，其通用、规范的英文名称应为 finished steel products（International Organization for Standardization，1987）。我国科技翻译界和钢铁工业界一些相关人士，在双语词典编纂和书刊报章的翻译中，历经40余年，采用“现有译法”所“创译”的5个“钢材”英文译名——steel product(s)、steel materials、steel stock、rolled steel、rolled product(s)，竟然全系误译。是上述采用“现有译法”翻译“钢材”的人员水平低吗？显然不是，40余年来参与汉英词典编纂和书刊报章翻译的人员至少数以千计，这些人员中既有翻译界人士，又有钢铁工业界人士，且其中不乏高级职称者，可谓最佳组合。是上述采用“现有译法”翻译“钢材”历经的时间短吗？也不是，40余年的时间，可谓宽裕有余。尽管条件如此优越，40余年却未能将一个内涵明确易懂、百姓耳熟能详的术语“钢材”翻译正确。此例充分说明，如果翻译方法不对，将“现有译法”误用于有译语对应词的原语术语——“钢材”的翻译中，是造成误译的最主要原因。

4.3.2 “钢材”误译辨析

以上提及的 5 个“钢材”误译实例何误之有？要回答这个问题，必须首先弄清“钢材”概念的科学含义，即“钢材”概念的内涵和外延。

一般而言，“钢材”指的是：钢铁厂通过轧制钢坯或连铸坯获得的成品，其横截面在长度方向上均等不变或有周期性变化；其表面通常光滑、平整，但有的钢材品种可以有规则的凸凹花纹，如带肋钢筋或扁豆形花纹钢板等。钢材大多采用热轧方法生产，其种类主要包括型钢、钢板、钢管等。

在对“钢材”这一术语的内涵和外延有了初步了解后，我们不妨对上述“钢材”误译实例逐一进行分析，看其是否与汉语“钢材”的内涵、外延相符合。

首先，让我们看一看目前“钢材”流行最广的误译实例 steel product(s)的含义如何。顾名思义，与 steel product(s)相对应的汉语释义是“钢产品”，或曰“钢质产品”，即“钢做的产品”。“钢产品”应包括初产品（如钢锭等）、半成品（如方坯、板坯等）、轧制成品等。显然，“钢产品”，即 steel product(s)，所包括的钢锭、方坯、板坯等，“钢材”是不包括的，故将“钢材”翻译成 steel product(s)是一个明显的错误。

其次，将“钢材”翻译成 steel materials 是否妥当呢？steel materials 的基本含义是“钢质的材料”，而“钢质的材料”同样未必就是“钢材”。例如，用于粉末冶金的“钢粉”、用于铸造的“钢水”，都是“钢质的材料”，但它们显然都不是“钢材”。因此，steel materials 与“钢材”并不等同，将“钢材”翻译成 steel materials 同样是一个明显的错误。

至于将“钢材”翻译成 steel stock、rolled steel 或 rolled product(s)，其中 steel stock 的含义是“钢料（库）”“钢轧件”，rolled steel 的含义是“轧制的钢”，rolled product(s)的含义是“轧制的产品”。了解钢铁生产流程的人都知道，无论是“钢料（库）”“钢轧件”，还是“轧制的钢”“轧制的产品”，其内涵和外延都不等同于“钢材”，故将“钢材”翻译成 steel stock、rolled steel 或 rolled product(s)，就如同将“钢材”翻译成 steel product(s)或 steel materials，同样也是明显的错误。

至于个别汉英词典将 steel 作为“钢材”的一个单独译名，则更是明显的误译。我们不妨看一看《英汉双解钢铁冶炼词典》英文原版文献对 steel 所做的解释：

> Steel: A malleable alloy of iron and carbon, the carbon content being usually less than 1.7%. It is produced in the fluid condition, either by the crucible, Bessemer, open hearth, or electric furnace.（张清涟，1993）

从以上英文原版文献可知，steel 的基本含义是“A malleable alloy of iron and carbon, the carbon content being usually less than 1.7%”，即“一种具有延展性的铁碳合金，含碳量通常低于 1.7%”，而“钢材”指的是“通过轧制钢坯或连铸坯获得的成品”。二者内涵相左、外延相异，不属同一概念，故将“钢材”翻译成 steel 更是一个明显的错误。

4.3.3 基于“找译译法”的“钢材”正译探析

遵循术语学基本原则，选用适当的翻译方法，多视角探寻“钢材”准确、规范的等值英译文，对于钢铁工作者来说责无旁贷。

世界钢铁工业发展史告诉我们，英美现代钢铁工业的形成至少可追溯到 19 世纪末。“钢材”是现代钢铁工业的最主要产品，由此推论，英美现代“钢材”概念的形成已有 100 多年的历史。在此期间，英美用以指称“钢材”概念的英文名称可能有所变化，但现在肯定早已经过优胜劣汰、约定俗成，形成了英语国家、英语民族通用、规范的“钢材”英文名称。因此，“钢材”无疑是一个有译语对应词的原语术语，因此当我们需要将其翻译成英文时，应采用“找译译法”直接从英语国家、英语民族的钢铁专业英文原版文献中找出与汉语“钢材”相对应的译语术语作为“钢材”的英译名。

1. 从国际标准中找出与“钢材”等值的英译名

英文原版科技标准中所收录的英文科技术语通常具有不容置疑的科学性、规范性、通用性和准确性。基于此，我们查阅了多部钢产品标准英文版。现仅以国际标准 ISO 6929-1987（International Organization for Standardization，1987）为例，探寻与汉语“钢材”相对应的规范、等值的英译文。

ISO 6929-1987 第 6 款所载的 rolled finished products，字面意思虽是“轧制成品”，但其内涵、外延却与汉语“轧制钢材”等同。认定 rolled finished products 是否是“轧制钢材”的英译文，不应拘泥于二者之间的字面等同，而应看其内涵和外延是否一致。

ISO 6929-1987 第 6 款对 rolled finished products 的内涵的描述如下：

> Rolled finished products: Products which have been manufactured generally by rolling and which are normally not further hot worked in the steelworks.
>
> The cross-section is uniform over the whole length. It is usually defined by a standard which fixes the normal size ranges and the tolerances on shape and dimension. The surface is generally smooth, but reinforcing bars or floor plates, for example, may have a regularly raised or indented pattern.

由此可以十分清楚地看出，rolled finished products 是在钢厂（in the steelworks）通过轧制（by rolling）制造完成的（have been manufactured）；其横截面在长度方向上是均等的（the cross-section is uniform over the whole length）；其表面光滑，但对于钢筋或网纹板而言，可以有规则的凹凸花纹（have a regularly raised or indented pattern）。

ISO 6929-1987 第 6 款对 rolled finished products 的外延的描述如下。

> rolled finished products 涵盖的主要产品如下：型钢，如大型型钢（heavy sections）、I 型钢（I sections）和 H 型钢（H sections）；钢板，如热轧薄板和厚板（hot-rolled sheet/plate）、冷轧薄板和厚板（cold-rolled sheet/plate）；钢管，如无缝钢管（seamless tube）和焊接管（welded tube）等。

将 ISO 6929-1987 第 6 款所载的 rolled finished products 的内涵和外延与本书 4.3.2 节所阐述的“钢材”的内涵和外延相比较，我们就会发现二者除阐述的个别用词、内容取舍略有不同外，其主要技术特征，尤其是外延的阐述完全一致，即“钢材”所涵盖的主要产品为型钢、钢板和钢管。因此，将 rolled finished products 翻译成“轧制钢材”，并将其中的 finished products 翻译成“钢材”是准确的。

国际标准化组织是世界上最权威的标准化组织之一，它所使用的工作语言得到了各国技术界的认可。基于英文术语应以英文专业文献，尤其应以权威英文原版标准为准，而不应按汉语字面意思“自造”的原则，我们完全有理由认为汉语术语“钢材”准确、规范的等值英译文应是 finished products。

2. 从英文原版钢铁专业文献中找出与“钢材”等值的英译名

对于一个有译语对应词的原语术语而言，检验其译语对应词正确与否的重要依据，就是译语国家、译语民族的语言实际。就汉译英而言，检验一个有英语对应词的汉语专业术语其英语对应词正确与否的重要依据，就是英语国家、英语民族的语言实际。换言之，一个汉语专业术语的正确英译文，必定存在于相应专业、相应语境的英文原版专业文献中；其专业含义也必定与相应的汉语专业术语等同。为此，笔者查阅了大量英文原版钢铁专业文献，从中探索、甄别、筛选出了若干含有在 4.3.3.1 节中我们认定与“钢材”等值的英译文 finished products 的例句，现罗列如下。

例 4-4

原文：It must be stated, however, that the increase in the use of continuous casting — to 95 percent in Japan, 90 percent in the EC, and 80 percent in the United States — improved the yield because fewer tonnes of crude steel are required to produce the same amount of finished products.（本例句及以下例句中的下划线均系笔者所加）

译文：然而，必须说明的是，连铸技术的广泛采用——日本连铸比已达 95%，欧共体连铸比已达 90%，美国连铸比已达 80%——这一切都使金属收得率得以提高，即生产相同数量的钢材需要的粗钢量更少。

例 4-5

原文：In terms of finished product, BHP is constructing a coil-coating line at its Brisbane plant.

译文：在钢材生产方面，BHP 公司正在布里斯班的工厂建设一条带卷涂层生产线。

例 4-6

原文：Semi-finished products: Products obtained either by rolling or forging of ingots or continuous casting, and generally intended for conversion into finished products by rolling or forging.

译文：钢坯：通过对钢锭的轧制或锻造，或通过连铸获得的产品。钢坯通常经过轧制或锻造加工成钢材。

例 4-7

原文：Some respondents practice also mechanical testing on semi-finished and finished products.

译文：一些受访厂家还对钢坯和钢材进行了机械性能检测。

例 4-8

原文：Of the total Oct. 1996 imports, finished products were 2,092,527 tonnes, up 7.6% from the 1,945,384 tonnes imported the month before and up 59.6% from the 1,311,003 tonnes imported in Oct. 1995. (1,1997,2,58)

译文：在 1996 年 10 月的进口总量中，钢材进口量为 2 092 527 吨，比上月进口量 1 945 384 吨提高了 7.6%，比 1995 年 10 月进口量 1 311 003 吨提高了 59.6%。

以上例句证明：在英文原版钢铁专业文献中，不仅含有数量可观的 finished products，而且其技术含义也与“钢材”等同，即“钢材”指的是钢铁厂通过轧制钢坯或连铸坯获得的成品，其横截面在长度方向上均等不变或有周期性变化，其表面通常光滑、平整。只有将以上例句中的 finished products 翻译成“钢材”，而不是按诸多英汉词典给出的释义将其翻译成“成品”，整个句子才文通字顺，才与钢铁专业的基本常识相吻合。由此，笔者对 finished products 作为“钢材”准确、规范等值的英译文的判断，在英文版国际标准以外的英文原版钢铁专业文献中得到了进一步确认与证明。

3. 试论 finished products 作为与“钢材”等值的英译名的理据性

术语通常可理解为用语音或文字来表达或限定专业概念的约定性符号。任何一个术语都隶属于某一特定的专业术语系统。术语的系统性是术语的基本属性，是确定术语理据性的基本判据，故而不应在术语所属的术语系统之外孤立地评价一个术语是否合理、是否具有理据性。

就 finished products 而言，在表达“钢材”这一专业术语概念时，其理据性何在呢？

初看起来，finished products 的基本含义是“成品”，与我们所论及的术语“钢材”可谓风马牛不相及，但如果将其置于钢铁专业术语系统的框架下，即“钢材”生产的产品链系统中加以考察，其理据性则显豁可辨。

将钢水转化成钢材所遵循的工艺路径通常首先是由转炉或电弧炉将铁水或废钢转化为钢水。由于钢水是生产钢材的初始原料，故在英文原版钢铁专业文献中将转炉或电弧炉所生产的产品——钢水——称为 crude products，意即“粗产品”或“初产品”。

然而，钢水是不能直接转化为钢材的。在钢铁生产流程中，还需将钢水浇入连铸机中，以便生产出形状各异的连铸坯——板坯、方坯、圆坯等。由于连铸坯是钢铁生产流程中介于钢水和钢材之间的中间产品，它还需要通过轧制方能生产出钢材，故在论述连铸坯和各类钢坯的特定语境下，英文原版钢铁文献将各类“连铸坯”称为 semi-finished products，意即“半成品”。

既然在英文原版钢铁专业文献中，生产钢材的初始原料——钢水被称为 crude products，生产钢材的中间产品——连铸坯被称为 semi-finished products，那么，作为对连铸坯——（semi-finished products）的进一步加工，即通过粗轧、精轧所获得的产品——钢材，按生产流程的技术逻辑推论，其准确、规范的等值英译文当然非 finished products（成品）莫属了。

其实，除了英文原版钢铁专业文献，在汉语钢铁专业文献中将“钢材”称为“成品”的也并不罕见。在一本名为《轧钢生产基础知识问答》（刘文、王兴珍，1994：5）的书中即有如下一段文字：“将钢锭或钢坯轧制成钢材的生产过程叫成品生产。如型钢生产、钢管生产、钢板生产等都是成品生产。”显然，这里的“成品”指的就是“钢材”。这从另一个侧面说明，字面含义为“成品”的英文术语 finished products 在钢铁专业的语境下，的确是“钢材”准确、规范的等值英译文。

4. 从英文原版非钢铁专业文献中“找出”与“钢材”等值的英译名

在 4.3.3.1 和 4.3.3.2 节中，我们从英文原版的国际标准 ISO 6929-1987 和其他英文原版钢铁专业文献中“找出”了“钢材”准确、规范、等值的英译名——finished products。然而，世界上的事物是复杂的，是由各方面的因素决定的。finished products 虽为“钢材”准确、规范的英译文，但它只有在与钢铁专业有关的语境下，如以上引用在英文原版国际标准、钢铁专业专著和论文中才不致引起误解。否则，人们极有可能按其常用义，将其理解为“成品”。

那么在英文原版的非钢铁专业文献中，“钢材”准确、规范的英译文是什么呢？

为此，我们查阅了一些英文原版非钢铁专业文献，不时发现“钢材”的另一等值英译文——finished steel products。例如：

例 4-9

原文：This statistic depicts the production of finished steel products in China from 1970 to 2015.

译文：该统计资料给出了 1970 年至 2015 年的中国钢材产量。

例 4-10

原文：*Plate, strip, rod, profile, wire* and *tube* are all examples of finished steel products.

译文：例如，板材、带材、棒材、型材、线材、管材等均为钢材。

例 4-11

原文：The products made by the steel industry share the designation of finished steel products.

译文：钢铁工业生产的产品被统称为钢材。

由以上英文原版非钢铁专业文献中的例句可以看出，为了避免引发歧义，在英文原版非钢铁专业文献中用以指称“钢材”这一专业技术概念的英文术语并非 finished products，而应是 finished steel products。

受以上英文原版非钢铁专业文献中使用 finished steel products 而非 finished products 来表达“钢材”这一专业技术概念的启发，笔者认为，任何术语的英译，只有适景、适体、适义，方为佳译。故而，在没有钢铁专业语境或钢铁专业语境不明确的情况下，为避免歧义、引起误解，将“钢材”翻译成 finished steel products，当为智慧的选择。

4.4 误用“现有译法”导致的术语误译案例 3：“吨”误译评析

4.4.1 引言

“吨”是我国法定计量单位，同时也是一个在工业、农业、商贸、科技等诸多领域广为使用的计量单位。遗憾的是，我国一些汉英词典和汉译英文献中都存在着对“吨”的误译。该词误译现象的范围十分广泛，很多汉英词典和汉译英文献均未幸免，误译时间也十分长，至今难觅其误译的源头。“吨”作为我国一个常用法定计量单位，被如此多的汉英词典和汉译英文献误译，这已让人感到十分意外，然而更让人匪夷所思的是，我国汉英词典中的“吨”词条的误译竟然直接导致了我国汉语单语词典中“吨”词条之误释。这在术语翻译史和词典编纂史上实属罕见，值得认真探讨，引以为戒。

4.4.2 汉英词典“吨”误译辨析

为了客观反映我国各类汉英词典中“吨”的翻译情况，我们尽可能全面地查阅了自 20 世纪 70 年代以来我国出版的各类汉英词典中有关“吨”的释义。现从中选出 5 部发行量较大、较受读者欢迎并具有一定典型性的汉英词典，并将其中每部词典中的“吨”词条单独摘出，罗列如下。

例 4-12

吨 ton (t.)（北京外国语学院英语系《汉英词典》编写组，1978）

例 4-13

吨 ton (t.)：长～ long ton / 短～ short ton / 公～ metric ton / 美～ short ton / 英～ long ton（外语教学与研究出版社词典编辑室，1988）

例 4-14

吨 量（重量单位）ton (t.)：长[英]～ long ton；短[美]～ short ton；公～ metric ton；tonne（吴光华，1993）

例 4-15

吨 ton（孙复初，2003）

例 4-16

吨 ton (t.)（姚小平，2010）

以上 5 例均将“吨”翻译成了英文 ton。尽管例 4-13 和例 4-14 与例 4-12、例 4-15 和例 4-16 相比增加了配例，但这些配例仅涉及“长吨”“短吨”“公吨”“美吨”“英吨”的英文译名，并不涉及词目“吨”的译名。因此，按照以上 5 部汉英词典给出的释义，汉语“吨”的译名非英文 ton 莫属。

但是，汉语“吨”的译名果真是 ton 吗？

作为重量（或质量）单位而言，英文 ton 是否能作为汉语“吨”的译名的关键是看英文 ton 与汉语“吨”所表示的量值是否相等。一般而言，如果二者的量值相等，那么前者即可作为后者的译名（或曰英文对译词）；如果二者的量值不等，那么前者则不能作为后者的译名。

首先让我们看一看“吨”的量值。1984 年 2 月 27 日，我国政府发布了《国务院关于在我国统一实行法定计量单位的命令》，该命令明确规定“吨”为质量单位，并说明在人民生活和贸易中习惯将“质量”称为“重量”，其量值为 1000 千克（江建名，1988：562）。因此，汉语“吨”表示的是我国法定计量单位，并且只有一个量值，即 1000 千克。

那么 ton 的量值又如何呢？ton 是英文词，其量值自然应以权威的英文辞书为准。

《牛津现代高级英语词典》（*Oxford Advanced Learner's Dictionary of Current English*）自 1948 年首次出版以来，经过多次修订，词条渐至完善，释义与时俱进，准确描述了当代英语词汇的实际使用情况，是举世公认的权威英文原版词典。该词典第 6 版（Hornby，2000）中的 ton 词条如下：

> **ton**　a unit for measuring weight, in Britain 2,240 pounds (long ton) and in the US 2,000 pounds (short ton)

21 世纪初出版的《麦克米伦高阶英语词典》（*Macmillan English Dictionary for Advanced Learners*）（Rundel，2003）是一部释义严谨、颇负盛名的英文原版词典。该词典中的 ton 词条如下：

> Ton 1 *Br E* a unit for measuring weight, containing 2,240 pounds and equal to 1,016 kilograms: The horse could pull up to 50 tons. Transporting the coal costs £40 per ton. a 40-ton lorry (= weighting 40 tons)　1a. *Am E* a unit for measuring weight, containing 2,000 pounds and equal to 907 kilograms

由以上两部英文原版词典中 ton 词条的释义可以看出，ton 本身是没有固定量值的，只有在附加了特定条件时，ton 才具有确定的量值，才可以作为重量单位使用，如《牛津现代高级英语词典》英文原版第 6 版中的 ton 词条释义中的 in Britain（在英国）、in the US（在美国）的地域条件，以及在 ton 前加修饰语 long、short 等；再比如《麦克米伦高阶英语词典》英文原版词典的 ton 词条释义中的 *Br E*（英式英语）、*Am E*（美式英语）等，英文 ton 才具有了确定的量值，才可以作为重量单位使用。正因为如此，诸多英语国家编纂的英文原版辞书的度量衡表中甚至都没有将 ton 作为一个单独的计量单位列出。例如，在 2004 年出版的第 10 版《牛津简明英语词典》（*The Concise Oxford English Dictionary*）（Pearsall，2004）度量衡表中，列在“British and American, with metric equivalents”（英美制单位与公制单位的换算）项下与 ton 有关的仅有两条：①1 short ton = 2,000 pounds = 0.907 tonne；②1 long ton = 20,00 weight = 1.016 tonnes。列在“Metric, with British equivalents”（公制单位与英制单位的换算）项下与 ton 有关的仅有一条：1 tonne (metric ton) = 1,000 kg = 0.984 (long) ton。从我国出版的一些英汉辞书来看，虽然有的将 ton 作为一个单独的计量单位列入了它们给出的度量衡表中，如《英汉大词典》（陆谷孙，1991）和《最新高级英汉词典》（蔡文萦，1994）等，但由于在没有特定附加条件的情况下 ton 本身没有固定量值，所以在这些度量衡表中，ton 的“折合公制”一栏中只好阙如。表 4-1 摘自 1991 年版《英汉大词典》附录十四的表 2，录之为证。

表 4-1　1991 年版《英汉大词典》附录十四表 2

名称	缩写	汉译	等值	折合公制
ton	tn.（或 t.）	吨	20 cwt	
long ton	l.t.	英吨（长吨）	2240 lb	=1.016 公吨
short ton	s.t.	美吨（短吨）	2000 lb	=0.907 公吨
hundredweight	cwt	英担	英 112 lb	=50.802 公斤
			美 100 lb	=45.359 公斤

ton 的特定附加条件分为两种：一种是在 ton 前附加限制性定语，另一种是附加地域条件。

ton 前附加限制性定语构成的重量（或质量）单位意义清晰、量值明确，不会造成理解和翻译难点，这里不拟做深入讨论，仅给出这些单位的英文名称、汉语译名和相应量值：①ton 前加 long 或 gross，分别构成 long ton 和 gross ton，二者均属英制计量单位，前者常译为“长吨”或“英吨”，后者常译为“毛吨”，二者的量值相等，均为 2240 磅，折合成我国法定计量单位为 1016 千克；②ton 前加 short 或 net，分别构成 short ton 和 net ton，二者均属美制计量单位，前者常译为“短吨”或“美吨”，后者常译为“净吨”，二者的量值相等，均为 2000 磅，折合成我国法定计量单位为 907 千克；③ton 前加 metric，构成 metric ton，属公制计量单位，亦是我国法定计量单位中由国家选定的非国际单位制单位“吨”对应的英译名之一（另一个为 tonne），量值为 1000 千克。

然而 ton 所附加的地域条件却不像 ton 前所附加的限制性定语那样是写在文献中的。对于这一点，人们常常忽略，加之我国出版的诸多英汉词典又将 ton 所必须附加的地域条件略去，因而无视 ton 的地域条件，见 ton 即误译成“吨”的情况也就见怪不怪了。例如，美国著名钢铁工业专业期刊《钢铁工程师》（*Iron and Steel Engineer*）在 20 世纪 90 年代开设了美国钢产量统计栏。据该刊钢产量统计栏提供的数字，截止到 1997 年 12 月 27 日美国的粗钢产量已达“108,090,000 tons”（American Iron and Steel Institute，1998：9），并注明资料来源为美国钢铁学会（American Iron and Steel

Institute）。按照我国诸多英汉词典给出的 ton 等同于汉语“吨”的释义，这里的 108,090,000 tons 如译成汉语应为 108 090 000 吨，但据该刊 1998 年第 4 期第 57 页报道，美国 1997 年全年的粗钢产量仅为“99.2 million tonnes”（Fuga，1998：57）——注意此处使用的重量单位为 tonne，1 tonne 等于 1000 千克，在量值上与我国法定计量单位“吨”完全等同，不会产生歧义——即 99 200 000 吨。由此观之，难道美国截止到 1997 年 12 月 27 日的粗钢产量会高于美国 1997 年全年的粗钢产量吗？岂非天方夜谭？

但如果在翻译上文数量 108,090,000 tons 时能注意到未直接写入该文献的 ton 的地域条件，那么这个问题便会迎刃而解。此处 tons 的地域条件可根据两点加以判断：①该文是刊登在美国期刊《钢铁工程师》上的；②该文注明的资料来源是美国钢铁学会。据此可得出此处的 tons 系美式英语用法，同时根据《牛津现代高级英语词典》（第 6 版）中有关在美国 1 ton 等于 2000 磅（in the US 2,000 pounds），称为“短吨”（short ton）的说明，从而可以做出此处的 108,090,000 tons 即是 108,090,000 short tons 的判断。由于 1 short ton 等于 0.907 吨，故 108,090,000 short tons 仅约等于 98 037 630 吨。因此，正确的译法应是：截止到 1997 年 12 月 27 日，美国的粗钢产量已达 108 090 000 美吨。折合成我国法定计量单位“吨”应为 98 037 630 吨。这样，它与美国 1997 年全年粗钢的产量“99 200 000 吨”就不会产生矛盾。二者的差值 1 162 370 吨正好是美国 1997 年度 12 月份所剩最后 4 天的粗钢产量。

以上实例说明，ton 是既没有译名，也没有具体量值的。如果不顾 ton 客观存在但又未直接写入文献的特定地域附加条件（如“在英国”“在美国”等），而按我国一些英汉词典给出的英文 ton 无条件地等同于汉语“吨”的释义，那么必然会导致误译。现将我国法定计量单位“吨”和 ton 的释义比较列于表 4-2。

表 4-2　我国法定计量单位“吨”和英文 ton 的释义比较

词目	释义				
	译名	附加条件	附加条件后译名	单位制	量值
吨	tonne、metric ton	—	—	中国法定计量单位	1000 千克
ton	—	前加 long 或 UK	long ton（长吨） UK ton（英吨）	英制	1016 千克
		在英国	ton（英吨或长吨）		

续表

词目	释义				
	译名	附加条件	附加条件后译名	单位制	量值
ton	—	前加 short 或 US	short ton（短吨） US ton（美吨）	美制	907 千克
		在美国、加拿大和南非	ton（美吨或短吨）		
		前加 metric	metric ton（公吨或吨）	公制	1000 千克

综上所述，由于“吨”只具有一个量值，即 1000 千克，而 ton 在没有附加地域条件的情况下却不是一个具体的计量单位，它既没有译名，也没有固定的量值，更谈不上在量值上与汉语“吨”相等。因此，我国一些汉英词典将汉语量词“吨”翻译成英文 ton 是一个明显的误译。

4.4.3　汉英词典“吨”误译探因

无论是英汉词典，还是汉英词典，当涉及术语词条时，对其编写者的最基本要求就是要保证原语术语（词目）与译语术语（译名）概念内涵的同一性。因此，在编纂英汉词典 ton 词条或在编纂汉英词典“吨”词条时，译者如能依照“找译译法”翻译的基本流程，确保原语术语和译语术语所指称概念的等同，查阅相关英文原版词典，如本书 4.4.2 小节中所提及的《牛津现代高级英语词典》（第 6 版）和《麦克米伦高阶英语词典》等，或者查一下我国政府发布的有关规定，那么在我国出版的英汉词典中就不会出现将 ton 误译为“吨”，以及汉英词典中将“吨”误译为 ton 的如此广泛乃至延续如此久远的误译。

至于我国一些英汉词典中出现的 ton 之误译和汉英词典中出现的“吨”之误译，究其深层次原因，笔者以为，从误译源头上来说，都是由于将“现有译法”误用于有译语对应词的原语术语翻译中。在长期的国际语言文化和科技交流中，英文 ton 和汉语“吨”在各自所对应的译语语言中都已有了各自的译语对应词，因此都是有译语对应词的原语术语。依据“找译译法”的基本理论，原语术语分为无译语对应词的原语术语和有译语对应词的原语术语。“现有译法”适用于无译语对应词的原语术语的翻译，而“找译译法”适用于有译语对应词的原语术语的翻译。既然英文 ton 和汉语“吨”都是有译语对应词的原语术语，那么无论是英汉词典中英文 ton 的汉译，还是汉英词典中汉语“吨”的英译，都应采用“找译译法”进行翻译。

我国一些英汉词典却误将仅适用于无译语对应词的原语术语翻译的“现有译法”误用到了有译语对应词的原语术语 ton 的翻译上。译者认为采用“现有译法”中的音译方法，按其发音将 ton 翻译成“吨”，完全符合“原语和译入语之间存在语义空缺”和“用发音相同或相近的译语来表达原语”的两大音译要求，从而导致了我国一些英汉词典出现了将 ton 翻译为“吨”的严重误译。因此，从本质上来说，我国一些英汉词典将 ton 翻译为“吨”的严重误译，是将“现有译法”中的音译方法误用到有译语对应词的原语术语翻译中的结果。我国一些汉英词典在编写“吨”词条时，又简单地依据英汉词典中的 ton 词条，将英文 ton 回译成了汉语“吨”，从而造成了我国诸多汉英词典将“吨”翻译为 ton 的严重误译。因此，从误译源头上来说，我国诸多汉英词典将“吨”翻译为 ton 的严重误译，就如同英汉词典将 ton 翻译为“吨”的严重误译一样，也是将“现有译法”误用到有译语对应词的原语术语翻译中的必然结果。

4.4.4 汉语词典“吨”误释探因

我国一些英汉词典将仅适用于无译语对应词的原语术语翻译的“现有译法”，误用到了有译语对应词的原语术语 ton 的翻译上，从而致使英汉词典中出现了将 ton 翻译为“吨”的误译；而我国一些汉英词典又简单地将英汉词典中的 ton 回译成了汉语“吨”，从而致使汉英词典中出现了将“吨”翻译为 ton 的误译。然而事情并未到此为止。城门失火，殃及池鱼。我国一些汉英词典中“吨”词条的误译又直接导致了我国诸多汉语单语词典中“吨”词条的误释。

1984 年 2 月 27 日，我国政府发布了《国务院关于在我国统一实行法定计量单位的命令》，该命令明确规定了“吨”是我国选定的法定计量单位（江建名，1988：562）。

从我国的语言实际来看，长期以来从工农业生产到国内外贸易，从科学研究到人民生活，从大众媒体到政府文献（如政府工作报告），人们只知道其中所使用的“吨”是法定计量单位或公制计量单位，量值为 1000 千克，尚未见有人将汉语“吨”视为“英美制质量或重量单位。英国为英吨，美国为美吨”的。

从术语学的基本准则来看，“至少在一个学科领域内，一个术语只表述一个概念，同一个概念只用同一个术语来表达”（冯志伟，2011：35），否则就会产生歧义，导致误解。在上文“吨”释义的第②个义项中，词目“吨”既可以代表英制质量或重量单位中的“英吨”，又可以代表美制质量或重量中的“美吨”，而“英吨”和“美吨”同属计量学领域中的术语，这就明显违背了在同一学科领域内术语必须遵循单义性的基本准则。

4.4.5　汉英词典和汉语词典“吨”词条建议稿

汉英词典作为双语词典最重要的就是要准确给出词目的英文对应词，必要时还要给出典型例句，用以说明该英文对应词的常用句型及搭配关系。以下按照“找译译法”之“定义对比法”，通过查阅《牛津现代高级英语词典》（第 6 版）和《麦克米伦高阶英语词典》等英文原版词典中 ton 词条的相关内容和我国政府发布的《国务院关于在我国统一实行法定计量单位的命令》中对“吨”的说明，我们给出汉英词典“吨”词条的建议稿如下：

> 吨　tonne；metric ton　◇2003 年 10 月的粗钢产量为 156 万吨，比 2002 年 10 月提高 10.3%。In Oct. 2003 crude steel production of 1.56 million metric tons was 10.3% higher than that in Oct. 2002. / 到今天为止，进口煤炭 480 万吨。To date, 4.8 million tonnes of coal were imported. / 这艘国产万吨远洋货轮是开往日本的。The home-made 10,000-tonne oceangoing freighter is bound for Japan.

这里需说明的是：

（1）metric ton 和 tonne 均为公制计量单位，都等于 1000 千克，在量值上与我国法定计量单位“吨”相等。

（2）建议稿所举三例中的两例是根据英美原版改写的，一例摘自国内公开出版物，且均为常用句型，便于读者仿译，具有较强的实用性。同时，建议稿还给出了 metric ton 或 tonne 的三种常见、实用的表达方式：第一句给出了“数词 + metric tons 置于 of 之后”的表达方式；第二句给出了“数词 + tonne(s) 置于 of 之前”的表达方式；第三句给出了“数词-tonne + 机器（设备）名称”的表达方式（注意此处的 tonne 是单数），用以表达机器（设备）的生产能力或装载能力。

汉语单语词典的释义原则与汉英双语词典的释义原则不同，它注重讲清概念的内涵和外延。就具体到计量单位的释义而言，汉语单语词典一般应讲清计量单位所属的单位制、计量的对象、计量单位的量值及其他需要说明的问题。据此，我们给出汉语单语词典“吨”词条的建议稿如下：

吨 我国法定计量质量的单位。1 吨=1000 千克。人民生活和贸易中，按习惯将质量称为重量时，单位仍用吨。

4.4.6 纠正“吨”误译：道路虽曲折，曙光已出现

自《论 ton 的误释和误译》（徐树德，1993：34-37）发表后，将“吨”翻译成 ton 的误译和误释，虽然积重难返，但悄然变化的曙光已出现在党和国家政治文献的英译文和 2000 年后我国出版的两部大型汉英词典中。

自 2014 年以来，汉语“吨”不再被翻译成英文 ton，而开始翻译成了量值公认为 1000 千克的英文 metric ton。请参见以下实例：

例 4-17

农业现代化稳步推进，粮食生产能力达到一万二千亿斤。

Agricultural modernization has steadily advanced, with annual grain production reaching 600 million metric tons.（新华社，2017，下划线系笔者所加）

例 4-18

今年要淘汰钢铁 2700 万吨、水泥 4200 万吨、平板玻璃 3500 万标准箱等落后产能，确保“十二五”淘汰任务提前一年完成，真正做到压下来，决不再反弹。

This year, we will reduce outdated production capacity of 27 million metric tons of steel, 42 million metric tons of cement and 35 million standard containers of plate glass. We will ensure that the target for reducing outdated production capacity set in the Twelfth Five-Year Plan is met one year ahead of schedule, and make sure that these reductions are permanent and such production capacity does not increase again.（中国日报网，2014，下划线系笔者所加）

例 4-19

近三年淘汰落后炼钢炼铁产能 9000 多万吨、水泥 2.3 亿吨……

Cuts made in outdated production capacity over the past three years have included over 90 million metric tons of steel and iron, 230 million metric tons of cement…（新华社，2016，下划线系笔者所加）

2000 年后，尽管我国出版的大部分汉英词典仍坚持将“吨”翻译成 ton 的释义，但悄然变化的曙光已出现在《新世纪汉英大词典》和《新时代汉英大词典》（第二版）两部大型汉英词典中。

例 4-20

吨 dūn <量> ①metric ton；tonne（ = 1,000 kilograms）（惠宇，2003）

例 4-21

吨（噸）dūn（计量）① = 公吨 a metric ton；tonne；→长[chang]～；短[duan]～（潘绍中，2014）

特别应指出的是，《新时代汉英大词典》（第二版）体例中有如下说明：“四 释义，5. b)只能作为某词的词素的用‘见’（→）引出该词。”由此可见，“吨”在“长吨”“短吨”中仅为词素而已。

4.5　误用“现有译法”导致的术语误译案例 4：“全连铸”误译评析

4.5.1　引言

何为“全连铸”？如果一个国家、一个钢铁公司、一个钢厂或一个炼钢车间生产的连铸坯产量与其生产的粗钢总产量之比达到了100%，或者说其连铸比达到了100%，那么就可以说它实现了“全连铸”。“全连铸”是连铸生产工艺技术水平和经济效益指标的重要标志，是钢铁专业使用频率最高的专业术语之一。“全连铸”一词的英译正确与否，是直接影响我国钢铁专业整体英译水平的重要因素之一，值得重视。

4.5.2 “全连铸”的英译现状

为了客观、全面、准确地反映“全连铸”的英译现状，我们通过各种途径查阅到了以下“全连铸”的英译实例。

（1）互联网的普及为我们快速、准确查找各类技术信息资料提供了一个坚实的平台。通过查阅CNKI专业术语网站（http://dict.cnki.net），我们快速获得了“全连铸”目前流行的12个英译名：sequence casting、full continuous casting、wholly continuous casting、continuous-continuous casting、continuous continuous casting、fully continuous casting、total continuous casting、all continuous casting、full line continuous casting、the whole continuous casting、sequence continuous casting、sequential casting。

（2）金山词霸（ICIBA）是提供各类术语例句的权威句库之一。通过查阅金山词霸，我们获得了“全连铸”的5种英译名如下：full continuous casting、full CC、fully CC、sequence casting、sequence continuous casting。

（3）除通过上述网络词库收集“全连铸”的英译文外，我们还查阅了含有“全连铸”术语的部分纸质钢铁专业文献60余篇和汉英冶金工业方面的词典，获得了“全连铸”的6种英译名如下：fully continuous casting、100% continuous casting、full continuous casting、full CC、sequence casting、continuous-continuous casting。

通观以上我们对CNKI专业术语网站、金山词霸、钢铁专业纸质文献以及汉英冶金工业词典所做的调研，将其中的重复部分合并处理后，所获得的“全连铸”英译名竟达15种之多，真是洋洋大观，可谓“乱花渐欲迷人眼”。

4.5.3 采用“找译译法”找出与“全连铸”等值的英译名

“全连铸”是钢铁专业的一个重要术语，它具有明确的概念内涵和外延。

按照术语定名应遵循的单义性原则，“至少在一个学科领域内，一个术语只表述一个概念，同一个概念只用同一个术语来表达”（冯志伟，2011：35）。我们通过各种媒介查阅到的“全连铸”英译名，如上所述，竟达 15 种之多，也就是说，仅在钢铁冶炼这一个专业领域内，用以表达（或曰指称）“全连铸”这个概念的术语竟达 15 种之多，这明显违背了术语定名应遵循的单义性原则。

稍懂钢铁专业的人士都知道，“全连铸”这一技术概念不唯中国特有，而是一个国际钢铁界通行的技术概念。因此，我们可以假定本书以上提及的 15 种“全连铸”英译名全部正确。这样一来，在英美出版的钢铁专业技术文献中总能找到与这 15 种“全连铸”英译名在概念和文字上都相同的英文原文。但遗憾的是，我们虽然查阅了大量英美出版的钢铁专业技术文献，仅找到其中的一种——100% continuous casting。这就充分说明，在这 15 种“全连铸”英译名中，唯 100% continuous casting 才是汉语术语“全连铸”等值且地道的英文对应词，而其余 14 种“全连铸”英译名则是采用“现有译法”按照我国人民的思维模式和用词习惯生造出来的，它既未经过英语民族的约定俗成，又不是英语专业文献中真实使用的专业术语，故显系误译。

以下是我们采用“找译译法”，通过查阅英美原版钢铁专业技术文献从中找到的含有 100% continuous casting 且明确指称“全连铸”概念的例句。

例 4-22

Great Lakes to achieve <u>100% continuous casting</u>

例 4-23

Going for <u>100% continuous casting</u> of the new steel plant production required extensive development work

然而，采用“找译译法”，通过查阅英美原版钢铁专业技术文献得到的收获还不仅限于找到并证实了在各种媒介查阅到的 15 种“全连铸”英译名中，100% continuous casting 是与汉语“全连铸”最匹配且地道的英文对应词，同时还从英美原版钢铁专业文献中发掘出了两种适用于不同搭配的与“全连铸”等值且地道的英文对应词——100% continuous-cast 或 100% continuous cast。例如：

例 4-24

Sparrows Point is a 100% continuous-cast plant with an annual production capacity of 3.27M tonnes (3.6M tons).

例 4-25

Ingot production was phased out by the end of November, less than three months after start-up. That enabled LTV to become a 100% continuous cast company.

例 4-26

Laclede Steel, with the start-up of a ladle furnace at the Alton plant, is in a transition to a 100% continuous cast steel company.

从以上三例英文原版钢铁专业文献实例我们可以看出，“全连铸”正确、地道的英译名除可用 100% continuous casting 表达外，尚可用 100% continuous-cast 或 100% continuous cast 表达。只不过在使用上述“全连铸”的英译名 100% continuous-cast 或 100% continuous cast 时，务必注意其在英文原版钢铁专业文献中已约定俗成的搭配关系，即在使用“全连铸”作为定语，修饰其后的工厂、公司的情况下，其相应的英文“全连铸”常用 100% continuous-cast 或 100% continuous cast 表达，而不宜用 100% continuous casting 来表达，这是翻译“全连铸钢厂”“全连铸公司”等的常用表达方式。

4.5.4 “全连铸”误译辨析

在 4.5.3 小节中，我们采用“找译译法”在查阅大量英文原版钢铁专业文献的基础上，找到并论证了“全连铸”正确、地道的英译文应为 100% continuous casting、100% continuous-cast 或 100% continuous cast，而目前各种媒介上出现的其余 14 种“全连铸”英译文竟然全系误译。

“全连铸”上述 14 种误译，按类型可分为直译型误译和意译型误译两种，现分述如下。

1. 直译型误译

直译型误译的翻译结果包括 wholly continuous casting、full continuous

casting、fully continuous casting、total continuous casting、all continuous casting、full line continuous casting、the whole continuous casting、full CC、fully CC，共计 9 种，占“全连铸”误译结果的 60%以上。

术语直译，是术语“现有译法”的一种，也是一些论及术语翻译的专著、论文及教材长期推荐使用的一种术语翻译方法。由于使用该方法能在对应成分不增不减、原语术语词序保持不变的前提下，直接将原语术语转换为译语术语，且有利于术语的回译，故该法被认为是一种基本且理想的术语翻译方法。

然而再好的翻译方法也有一个适用范围的问题。术语直译，是术语“现有译法”的一种，因此它仅适用于无译语对应词的原语术语翻译。了解钢铁专业常识的人士都知道，无论是“全连铸”的工艺流程实践，还是“全连铸”的工业技术概念，都不唯中国独有，而是一个具有国际性的工艺流程实践和工业技术概念。因此，在汉译英时，作为原语术语的“全连铸”显然是一个有译语对应词的原语术语。将仅适用于无译语对应词原语术语翻译的术语直译方法用于“全连铸”这个有译语对应词原语术语的翻译中，由此导致的 9 种“全连铸”直译型误译，实属理之必然，预料之中。

既然如此，为什么还会有不少人热衷于“现有译法”中的直译法，并将其运用到“全连铸”的英译中呢？

笔者以为，一是由于受一些论及术语翻译的专著、论文及教材长期置“现有译法”中的直译法的适用条件于不顾，一味认定“现有译法”中的直译法是一种基本且理想的术语翻译方法的影响；二是由于“现有译法”中的直译法所追求的仅仅是“全连铸”英译文与汉语术语“全连铸”在字面上、词序上的对等，只要是与“全”有关的英文词，如 all、full、fully、total、whole、wholly 等，都拿来与 continuous casting 或其缩写形式 CC 相结合作为“全连铸”的英译文，从而迎合了不少人对“全连铸”英译文逐字死译的习惯认知模式。

也许有人会说，100%和英文中的 all、full、fully、total、whole、wholly 不是同义词吗？它们所表达的意思不是都一样吗？为什么“全连铸”只能翻译成 100% continuous casting 及其类似结构，而不能翻译成 full continuous casting、wholly continuous casting、total continuous casting、all continuous casting 等呢？

的确，包括钢铁专业术语在内的各类术语中，类似的只能用此词而不能用其同义词的情况可以说是比比皆是。仅以钢铁专业中以“超”字开头的术语为例，据我们所做的初步统计，数量不下五十个。其所对应的英译名（或曰英文对应词）中的“超”字虽有多种表达方式，但对于每一个具体的术语而言，如“超低头连铸机”所对应的英文释义为 super low head continuous caster，其中的英文“超”字只能用 super，而不能用 ultra 来表达；又如“超高功率电弧炉”的英文对应词为 ultra high power electric arc furnace，其中的英文“超”字却只能用 ultra，而不能用 super 来表达，以至于“超高功率电弧炉”公认的缩写形式只能是 UHP EAF，而不能是 SHP EAF。

英文的钢铁专业术语中这种只能用此词而不能将同义词与其连用的现象被称为固定搭配。英文术语的固定搭配是在长期的生产实践、科学实验和信息传播的过程中形成的，是不能随意改动的。

就“全连铸”的英译文 100% continuous casting 及其类似结构中的 100% 而言，它就是一种固定搭配，是不能使用它的同义词如 all、full、fully、total、whole、wholly 等来代替的。这就正如术语定义本身所言，“通过语音或文字来表达或限定专业概念的约定性符号，叫作术语”（冯志伟，2011：29）。既然“全连铸”的英译文 100% continuous casting 及其类似结构中的 100%，是英语民族在长期的生产实践、科学实验、信息交流中约定俗成、达成共识的约定性符号，那么莫说非英语民族的人，就是英语民族的人也无权对其进行改变，改变了就不能称之为“约定性符号”，显然也就不能称之为术语，至多也只能称之为对“全连铸”的一种英文解释而已。

2. 意译型误译

意译型误译的翻译结果包括 continuous-continuous casting、continuous continuous casting、sequence casting、sequence continuous casting、sequential casting，共计 5 种，约占“全连铸”误译结果的 36%。

其中的 continuous-continuous casting 和 continuous continuous casting 这两个意译词组是日本人的“发明”，其含义也不是用来表示“全连铸”的。连铸技术在出现初期，通常只是单炉浇注，即上一次引锭杆仅浇注一炉钢水，但它与钢锭模浇注法相比，已属连续浇注作业，故用 continuous casting 表示。后来出现了多炉连浇技术，即上一次引锭杆可以连续浇注多炉钢水，使连铸机效率大为提高，生产成本大幅度降低。日本人认为这是在单炉 continuous casting 基础上的再一次 continuous，故在其前再加上一个 continuous 来表示多炉连浇，于是便产生了 continuous-continuous casting 和 continuous continuous casting 这两个通过日本人意译而生造的用以表示“多炉连浇”的英文连铸术语。后来日本人生造的这两个英文连铸术语一直未得到英语国家连铸专业界的认同，就连日本人也弃之不用了，因此，在英语连铸专业文献中它们也就自生自灭了。

至于 sequence casting、sequence continuous casting、sequential casting，这几个英文词组在钢铁专业文献中的含义应为“多炉连浇”或曰“多炉连铸”，丝毫不含“全连铸”的意思。它们通过意译被误译成了“全连铸”的英译名，这完全是基于对 sequence 和 sequential 含义的错误理解和对“全连铸”概念的错误认知，即认为 sequence 和 sequential 既然含有“连续、接续、不间断”的意思，那就是整个工艺流程纵贯一体，无缝对接，全部实现了连铸。由此引申，通过意译，sequence casting、sequence continuous casting、sequential casting 就成了“全连铸”的英译名。但是，如果读者了解连铸专业生产流程，并在英文原版连铸文献中读到了如下一句——“It is important to address the quality implications associated with the sequence casting of unlike grades.”，那么，由于其中的 unlike grades 有“异钢种”之意，而且“异钢种”只能与“多炉连浇”搭配，而不会与“全连铸”搭配，那么 sequence casting 为“多炉连浇”的意思不就呼之欲出吗？哪里有半点“全连铸”的意思？

4.5.5　结语

总之，无论是相对独立使用的用以表征一个国家、一个钢铁公司、一个钢厂或一个炼钢车间的连铸坯产量与其粗钢总产量之比达到了 100%的“全连铸”英译名 100% continuous casting，还是置于一个国家、一个钢铁公司、一个钢厂或一个炼钢车间英文名称前，用以表征其已经实现了“全连铸”情况的英译名 100% continuous-cast 或 100% continuous cast，我们之所以将它们判定为“全连铸”准确、规范的英译名，是因为“全连铸”是一个有译语对应词的原语术语，按照“找译译法”的基本原理，有译语对应词的原语术语只有采用“找译译法”才能得到其准确、规范的译语对应词。这三个“全连铸”英译名，都是采用“找译译法”直接从英文原版连铸专业文献中找出的，故这三个“全连铸”英译名都是英语连铸专业文献中真实使用且与汉语术语“全连铸”指称同一连铸专业概念的准确、规范的英译名。

至于本书论及的“全连铸”的 9 种直译型误译和 5 种意译型误译，尽管其中每一种误译的出现频率、具体情况乃至来龙去脉都不尽相同，但由于直译和意译均属于“现有译法”，而“现有译法”只适用于无译语对应词的原语术语翻译，故从根本上来说，造成这 9 种直译型误译和 5 种意译型误译的根本原因，是译者将仅适用于翻译无译语对应词的原语术语的“现有译法”误用到了有译语对应词的原语术语“全连铸”的翻译上。

4.6 误用“现有译法”导致的术语误译案例 5：“连铸坯”误译评析

4.6.1 “连铸坯”英译现状

在钢铁工业中，连续铸钢工艺的诞生至少可追溯到 20 世纪 40 年代的英、美、德等西方国家。随着连铸工艺的诞生，用以指称“连铸坯”一词的英文术语即应运而生。由此算来，英文“连铸坯”的词龄也应在 70 年以上。尤其是 20 世纪 80 年代以来，无论是在中国，还是在英美等国，连续铸钢工艺都得到了长足发展，用以指称“连铸坯”的中英文术语随之成为中英文连铸专业文献中使用频率最高的术语之一。正因为如此，该术语也成了各类汉英词典及相关工具书重点收录的对象，其中也出现了不同的英文译名，如 continuous casting billet（孙复初，2003；吴光华，1993；冶金学名词审定委员会，2001；叶建林、黎景全，2001）、continuous casting slab or billet（中国冶金百科全书编辑部，2001）。

由以上可以清楚地看出，上述词典或工具书认为“连铸坯”应翻译成 continuous casting billet 或 continuous casting slab。

《汉英冶金工业词典》（明举新，2010）作为一部以收录钢铁专业词汇为主的汉英专科词典，居然没有为“连铸坯”单独设立词条，此点令人感到不解，但从该词典以“连铸坯”开头的词条中，我们亦可清楚地看出该词典同样也认为“连铸坯”应翻译成 continuous casting billet 或 continuous casting slab。

4.6.2　“连铸坯”误译辨析

英文 continuous casting billet 或 continuous casting slab 到底是汉语“连铸坯”的英文对应词吗？

考察一个汉语术语的英文对应词是否正确，首先应弄清这个汉语术语的技术含义，然后再和与之相对应的英文对应词相比较。如果二者的技术含义完全等同，那么该英文对应词就是正确的。

何为“连铸坯”？在钢铁工业中，“连铸坯”是指通过连铸机连续铸造出的钢坯，有时亦称铸坯。一般而言，“连铸坯”包括方坯（含大方坯和小方坯）、板坯、矩形坯、薄板坯、薄带坯和异形坯等。

上述词典或工具书给出的“连铸坯”英文对应词的技术含义又如何呢？

首先，让我们看看上述词典或工具书是怎样翻译“连铸坯”的中心词“坯”的。

在上述词典或工具书给出的“连铸坯”第一个英文对应词 continuous casting billet 中，译者将“坯”字翻译成了 billet；在第二个英文对应词 continuous casting slab 中，译者将“坯”字翻译成了 slab。

何为billet？享有世界盛誉的《韦氏第三版新国际英语词典》（*Webster's Third New International Dictionary of the English Language*）（Gove，1961）对 billet 的解释是：

> billet: a piece of semifinished iron and steel nearly square in section made by rolling an ingot or bloom until it has reduced in size to 1.5 to 6 in. square.

由此可以看出，billet 是指通过轧制钢锭或大方坯得到的断面边长为 1.5—6 英寸的接近方形的铁质和钢质金属坯，相当于汉语的“小方坯”。

slab 的含义又如何？国际标准 ISO 6929-1987 对 slab 所下的定义为：

slabs: flat semi-finished products of thickness equal to or greater than 50 mm and with a ratio of width to thickness equal to or greater than 2.

由此可以看出，slab 为厚度等于或大于 50 毫米，宽厚比等于或大于 2 的钢坯，相当于汉语的“板坯”。

根据以上分析，billet 指的是“小方坯”，slab 指的是“板坯”，它们只不过是包括大方坯、小方坯、板坯、矩形坯、薄板坯、薄带坯和异形坯等在内的“连铸坯”的一种坯型而已。因此上述词典或工具书用 billet 或 slab 来翻译“连铸坯”的中心词“坯”，实际上是用下位词来翻译上位词，用事物特定名称来翻译事物统称，显然是错误的。

其次，“连铸坯”的中心词“坯”字翻译错了，其修饰语“连铸”的翻译又如何呢？

上述词典或工具书均将“连铸坯”中的修饰语“连铸”翻译成了 continuous casting。其中的 casting 非现在分词，也非动名词。如若判定为现在分词，casting 就和 continuous casting billet 或 continuous casting slab 中的 billet 或 slab 存在逻辑上的主谓关系，casting 就应是 billet 或 slab 的行为，这在技术上是根本说不通的，因而是错误的；如若判定为动名词，casting 的含义就变成了“用于铸造的”。难道还存在“用于铸造的”小方坯或板坯吗？答案是否定的。因而这个理解同样也是错误的。

以上仅是从传统的字词含义和词语搭配角度对“连铸坯”误译所做的分析。其实，“连铸坯”误译深层次的根本原因是将仅适用于无译语对应词的原语术语的翻译方法——“现有译法”，误用到了有译语对应词的原语术语“连铸坯”翻译上。

4.6.3 采用“找译译法”找出与“连铸坯”等值的英译名

既然上述词典和工具书给出的“连铸坯”英文对应词是错误的，那么我们如何才能得到“连铸坯”正确的英文对应词呢？

根据连续铸钢工艺起源于欧美的专业背景和“连铸坯”是连续铸钢工艺产品的基本常识，我们做出一个判断，即与原语术语“连铸坯”相对应的译语术语必定早已存在于英美钢铁专业文献中，由此确定“找译译法”适用于“连铸坯”的英译。

依据连铸专业知识和“找译译法”基本翻译流程，通过查阅英美钢铁专业文献，我们从中找出了大量含有“连铸坯”英文对应词的例句。现择其要者，例举如下：

例 4-27

Entry material is continuously cast product, 12.2 x 13 in., 10 to 18 ft long, weighing 7,500 to 7,900 lb, produced on the 5-strand bloom caster which is located approximately 1 1/2 miles from the rail mill.（本例句及其以下例句中的下划线均系笔者所加）

例 4-28

Surface or internal defects in continuously cast products are due to different factors that often combine and magnify one another.

例 4-29

Mold fluxes for the casting of medium carbon steels are designed to have a high crystallinity index to create more uniform heat transfer across slag layer and thus reduce the likelihood of longitudinal cracking in the cast product.

例 4-30

Besides the obvious loss in productivity and associated costs, the damage sustained by the caster both short term and long term can effect the surface and/or internal quality of the cast product.

例 4-31

Mold oscillation can affect the surface quality of product and viability of the casting process. The nature of oscillation marks can influence the severity of transverse cracking on the surface of as-cast section as well as the propensity for breakout through the strand shell.

由以上例句可以看出，“连铸坯”的英文对应词有三种：continuously cast product(s)、cast product 和 product。此外，“连铸坯”还有三种不常用的英文对应词，即 continuously cast semis、products obtained by continuous casting 和 continuously cast semi-finished products。

以上六种“连铸坯”的英文对应词，均是按照“找译译法”直接从英美钢铁专业文献中直接找出来的，从中我们至少可以得出如下两点结论：

（1）在英美原版钢铁专业文献中，continuously cast product(s)是指称汉语“连铸坯”概念的常用英文全称。在上下文语境明确的情况下，continuously cast product(s)可以简称为 cast product(s)或 product(s)。

（2）尽管从传统的字词含义和语法搭配角度，能证明将有译语对应词的“连铸坯”翻译成 continuous casting billet 或 continuous casting slab 属明显误译（见 4.6.2 节相关分析），但如何将有译语对应词的“连铸坯”翻译成正确、地道的英文对应词，依靠传统的字词含义和语法搭配分析却显得无能为力。在本节中论及的“连铸坯”的六种英文对应词，均是采用“找译译法”直接从英美钢铁专业文献中找出来的，由此足见只有“找译译法”才是成功翻译有译语对应词的原语术语的正确方法。

4.6.4 采用“找译译法”找出与“准连铸坯”等值的英译名

如上所述，“连铸坯”通常是指通过连铸机连续铸造出的钢坯。但在连续铸钢生产中，钢水首先在结晶器内形成初始坯壳，继而进入二次冷却区进一步冷却，此时的“连铸坯”实际上是表面虽已形成固态坯壳但中心部位仍为炽热钢水，即带有一个细长圆锥形液相穴的“连铸坯”，故它与通常我们所指的成品“连铸坯”是不同的。但在一些汉语连铸文献中，其名称常常不加区分，仍用“连铸坯”（或曰“铸坯”）一词以蔽之。为了便于讨论，我们姑且称这种正在连铸中的“连铸坯”为“准连铸坯”。

英语则不同，“空中为蚊虫，水中为孑孓”，我们在采用“找译译法”成功地从英美钢铁专业文献中找出了其概念内涵为“通过连铸机连续铸造出的”“连铸坯”的上述几种英文对应词的同时，还从英美钢铁专业文献中找出了正在连铸中的“表面虽已形成固态坯壳但中心部位仍为炽热钢水，即带有一个细长圆锥形液相穴的”“准连铸坯”的英文对应词 strand。例如：

例 4-32

On the other hand, if the melting rate is too low, the lack of molten flux will lead to an uneven infiltration of the flux into the strand-mold gap.

例 4-33

The casting parameters that directly affect the friction generated between the strand and the oscillating mold are presented in Figure 9, which is derived from work performed by the Centre de Recherches Metallurgique (CRM).

以上两例中的 strand，均为指称仍在结晶器（mold）内的“连铸坯”或“铸坯”，如例 4-32 中的 strand-mold gap 和例 4-33 中的 between the strand and the oscillating mold，而这正说明了它们是正在连铸中的“连铸坯”或“铸坯”，即“准连铸坯”，故英文均使用了 strand。此为证。

例 4-34

Mold oscillation can affect the surface quality of product and viability of the casting process. The nature of oscillation marks can influence the severity of transverse cracking on the surface of as-cast section as well as the propensity for breakout through the strand shell.

例 4-34 中之所以使用了 strand，是因为 breakout（漏钢）只会发生在正在连铸中的“连铸坯”上；成品“连铸坯”或商品“连铸坯”内的钢水已完全凝固，是谈不上 breakout 的。

认识和了解“准连铸坯”的英文对应词应为 strand 而非 continuously cast product 这一点对于翻译连铸专业文献十分重要。例如，凡涉及结晶器内或二次冷却区内的“连铸坯”或“铸坯”，均为“准连铸坯”。“准连铸坯”在英文原版连铸专业文献中均使用 strand 表达之。因此，在汉译英时，这种“准连铸坯”的英文对应词均应选用 strand，而不能选用 continuously cast product 等，否则就会形成误译。

4.6.5　任重道远，愿译界同仁共同努力

按常理，像“连铸坯”这样一个高词龄、高词频的钢铁专业术语，其英

译应该不会出错，即便是该词诞生初期偶有误译，在其后的半个世纪中也应早已更正，绝不至于流传至今，然而时下不仅在一些论文的英文摘要和公司简介中出现了误译，而且在一些词典中竟然也出现了“连铸坯”的严重误译。

痛定思痛，审视一下 4.6.2 节中对“连铸坯”的两个典型误译实例——continuous casting billet 和 continuous casting slab 所做的误译分析，对比一下 4.6.3 节采用“找译译法”所找出的与“连铸坯”等值的英译文，你就会发现“连铸坯”误译的根本原因显然是将仅适用于无译语对应词的原语术语翻译的“现有译法”误用到了有译语对应词的原语术语“连铸坯”的翻译上。“连铸坯”广为误译的教训再一次证明，正确认识“找译译法”和“现有译法”各自的适用范围，正确理解和遵循“找译译法”和“现有译法”各自的翻译程序实为提高术语翻译质量、杜绝术语误译的必由之路。任重而道远，让我们共同努力。

4.7 误用“现有译法”导致的术语误译案例 6：“直接还原铁”误译评析

4.7.1 “直接还原铁”英译现状

“直接还原铁”即铁矿石在低于熔化温度的工艺条件下通过直接还原而获得的金属铁。它具有含碳量低、成分稳定、杂质较少等优点，是冶炼高级合金钢和纯净钢的理想原料，同时它也是钢铁专业文献英译时经常遇到的重要专业术语之一。

“直接还原铁”如何英译？

笔者所做的调查表明，从冶金百科词典到钢铁工业主题词表，乃至高层冶金专业期刊，几乎都众口一词地将“直接还原铁”翻译成 direct reduction iron，并且广为流行（中国冶金百科全书编辑部，2001；严关宝，1991；明举新，2010）。

通过 CNKI 翻译助手查询，含有将“直接还原铁”翻译成 direct reduction iron 的双语例句竟然多达 27 条之多，来源于十多种专业期刊，如《特殊钢》《冶金自动化》《化工冶金》《工业加热》《矿业工程》《山东冶金》《耐火材料》等（花皑等，2011；史占彪、芮树森，2000；喻辅成，2001）。

4.7.2　“直接还原铁”误译辨析

“直接还原铁”的等值英译文果真是 direct reduction iron 吗？

一个专业术语的英文表达方式，除中国特有事物外，还可以英美等国家经过长期生产实践、科学实验、信息交流而形成或确定的专业术语为准，即翻译界公认的“约定俗成”原则。“直接还原铁”属于中外共有钢铁产品之一，为此我们首先查阅了大量英文原版钢铁文献。按道理，“直接还原铁”这样一个在钢铁专业中如此重要的专业术语，在英文原版钢铁专业文献中应该是不难查到的，但我们在英文原版钢铁专业文献中一直未见 direct reduction iron 的踪影。

一方面，direct reduction iron 在我国出版的专业文献、词典工具书中作为“直接还原铁”的英译文大量出现；另一方面，该英文词组在英文原版钢铁文献中隐形遁迹。我们由此可以做出判断：direct reduction iron 是依据“现有译法”中的直译法，对号入座、逐字死译的产物。因而，它并非与“直接还原铁”等值的英译名。

4.7.3　采用“找译译法”找出与“直接还原铁”等值的英译名

据《中国冶金百科全书（钢铁冶金卷）》介绍，世界上第一个“直接还原铁”专利于 1865 年出现在英国。到 20 世纪末，全世界直接还原铁的生产能力已接近 5000 万吨。由此推论，“直接还原铁”概念的形成和指称“直接还原铁”概念的英语术语，至少已有 150 年的历史。也就是说，“直接还原铁”是一个有译语对应词的原语术语。依据“找译译法”基本理论，“现有译法”适用于无译语对应词的原语术语的翻译，“找译译法”适用于有译语对应词的原语术语的翻译。既然“直接还原铁”是一个有译语对应词的原语术语，因此，当我们需要将“直接还原铁”翻译成英文时，就应该采用“找译译法”直接从英语国家、英语民族的钢铁专业英文原版文献中找出与汉语术语“直接还原铁”相对应的译语术语作为它的英译名。

为此，我们研读了大量英文原版钢铁专业文献，其中包括英文原版钢铁专著、论文和网络资料。随着英文原版钢铁专业文献研读的逐步深入，“直接还原铁”准确、地道的英文对应词逐渐得以显现，并通过英文网站

www.businessdictionary.com 提供的定义得到确认，这就是 direct reduced iron，而并非我国冶金百科词典、钢铁工业主题词表乃至冶金专业期刊中经常出现的 direct reduction iron。请看以下摘自英文原版钢铁专业文献中含有 direct reduced iron 的例句。

例 4-35

Steel is produced from a combination of scrap and direct reduced iron (DRI) obtained from a plant that Birmingham operates with GS Industries on a 50/50 basis in Convent, La.-American Iron Reduction.（本例句及其以下例句中的下划线均系笔者所加）

例 4-36

World production of direct reduced iron (DRI) increased to 13.66 million metric tons in 1987, according to figures compiled by Midrex Corporation.

例 4-37

In addition to developing ore mines in Australia, there has been a considerable amount of activity in terms of supplying the future Chinese industry, both with iron ore and direct-reduced iron.

而且我们在 www.businessdictionary.com 网站中直接查阅到了 direct reduced iron 的定义，更让我们确认了 direct reduced iron 即是我们采用“找译译法”从英文原版钢铁专业文献找到的与“直接还原铁”等值的英译名。

例 4-38

Direct reduced iron (DRI) definition: Alternative iron source produced by heating an iron ore (generally having 65 to 70 percent iron) at a temperature high enough to burn off its carbon and oxygen content (a process called reduction) but below iron's melting point(1535Â℃ or 2795Â℉). The output is sold as pellets or briquettes (called hot briquetted iron or HBI) and contains from 90 to 97 percent pure iron, the rest being mainly carbon with trace amounts of other impurities. DRI is consumed primarily by mini steel mills (which can melt only rich sources of metal, such as steel scrap, but not iron ore) to improve the quality of their steel. Since the reduction process consumes prodigious amounts of natural gas, it is economically viable only where natural gas is abundant and relatively cheap (such as in Trinidad & Tobago). Also called sponge iron due to its porous nature.

看来，“直接还原铁”中“还原”二字的英译用词是有固定搭配的，即只能用此“还原”——reduced，而不能用彼“还原”——reduction。由此又引出了新话题：为什么呢？

笔者以为这就要从“直接还原铁”的内涵说起了。“直接还原铁”是铁矿石在低于熔化温度下直接还原成金属铁的产品。汉语是重意合的语言，“直接还原铁”这个定义中虽未直白地说出“被”字，但业内人士都知道铁矿石是“被”一氧化碳等还原性气体还原成铁的；而英语是重形合的语言，汉语有意而无字的部分在英文中常常要通过词的形态变化或增词等手段加以表达。就本例而言，汉语“直接还原铁”中虽没有“被”字，但仍含有“被”的意思，而在英语中这个“被”字是不能少的。reduced 是英语 reduce（还原）的过去分词形式，而根据英语语法常识，过去分词形式的 reduced 正好体现了“被”的含义。故汉语“直接还原铁”中“还原”之英译文，非 reduced 莫属。

4.7.4 采用“找译译法”找出与“直接还原公司”和“直接还原工艺”等值的英译名

行文至此，reduction 在“直接还原铁”的英译名中已被摈除，取而代之应是 reduced。但这是否意味着在翻译含有“直接还原”的其他词组中，reduction 就英雄无用武之地了？否！

请看以下英文原版钢铁文献实例。

例 4-39

Midrex <u>Direct Reduction Corp.</u> (Midrex) and parent company, Kobe Steel, Ltd. (KSL) have developed a new <u>direct reduction</u>

process, called SPIREX, that uses iron ore fines and natural gas, as the oxide and reductant sources respectively, to produce direct reduced iron (DRI) fines or hot briquetted iron (HBI).

注意其中的 Direct Reduction Corp. 和 direct reduction process。由此可以看出，在表示“直接还原公司”和“直接还原工艺”中的“还原”时，reduction 还是有用武之地的。岂止是有用武之地，在 Direct Reduction Corp. 和 direct reduction process 中，reduction 还是不可替换的固定搭配呢！试想一下，如若将 Direct Reduction Corp.和 direct reduction process 中的 reduction 分别更改为 reduced，那么更改后得到的 Direct Reduced Corp.和 direct reduced process 岂不变成了“直接被还原的公司”和“直接被还原的工艺”？铁矿石可以“被还原”，烧结矿可以“被还原”，但“公司”和“工艺”是万万不可“被还原”的！

4.7.5 结语

本节采用“找译译法”直接从英美原版钢铁专业文献中成功找出与“直接还原铁”等值的英译名，又顺藤摸瓜顺利从英美原版钢铁专业文献中找出与“直接还原公司”和“直接还原工艺”等值的英译文的翻译实践再次说明：对于有译语对应词的原语术语而言，采用“现有译法”是不能得到与其等值的英译名的，唯有“找译译法”才是获得有译语对应词的原语术语的等值英译名的正确途径。

第 5 章　术语“找译译法”翻译实务概述

5.1　引　　言

术语“找译译法”翻译实务涉及许多方面，诸如“找译译法”的主要功能，原语术语有无译语对应词的判断要点，采用“找译译法”选择译语专业文献时的注意事项，是否应查齐找全原语术语的所有译语对应词，“找译译法”翻译流程简介，以及“找译译法”类别、翻译实例与误译分析等。其内容虽多有关联，但又相对独立、自成一体，现分述于下。

5.2　“找译译法”的主要功能

“找译译法”的主要功能体现在两个方面：一是将原语术语翻译成与之对应的译语术语功能，二是对误译术语的析误纠错功能。对于双语或多语词典尚未收录的有译语对应词的原语术语而言，“找译译法”具有将该类原语术语成功翻译成译语术语的功能。例如，“连浇炉数”是连续铸钢专业最重要的技术经济指标之一，同时也是一个有译语对应词的原语术语，然而 2010 年之前我国出版的各类汉英词典中均未将其收录。我们在编纂《多功能汉英・英汉钢铁词典》（徐树德、赵予生，2010）时，决定将该术语收录其中。鉴于“连浇炉数”系有译语对应词的原语术语，因此在将其翻译成英文时，我们采用了“找译译法”，通过查阅大量英文原版连续铸钢文献，我们终于在两本英文原版钢铁会议录和两本英文原版钢铁杂志中找到了 4 例与“连浇炉数”准确对应的译语术语——sequence length。该译语术语虽字面意思与其对应的原语术语“连浇炉数”风马牛不相及，但我们通过研读以上两本英文原版钢铁会议录和两本英文原版钢铁杂志，最终确认 sequence length 所指称的概念内涵与汉语“连浇炉数”完全等同，是“连浇炉数”准确、规范的英译名（具体分析详见本书 5.7.7 节）。我们将其收录到了《多功能汉英・英汉钢铁词典》中，从而填补了汉英及英汉词典中该词条对应词的空白。类似的例子还很多，如上文提及的《汉英冶金工业词典》中以连续铸钢专业“结晶器”开头的词条仅收录了30余条，而我们编纂的《多功能汉英·英汉钢铁词典》比其多收录了300余条，诸如“结晶器保护渣卷入”“结晶器保护渣通道”“结晶器壁粘钢”“结晶器壁/铸坯壳间相互作用假说”“结晶器超前量”“结晶器出口处坯壳厚度”“结晶器吹氩”“结晶器振幅”等。由于以上术语均为有译语对应词的原语术语，因此我们在将其翻译成英文时，没有一个英译名是采用“现有译法”翻译得出的，而全部是采用“找译译法”从浩瀚的英文原版连续铸钢专业文献中逐个找出的，由此充分彰显出“找译译法”所具有的成功将有译语对应词的原语术语翻译成与之对应的译语术语的强大功能。

对于双语或多语词典中已经收录的有译语对应词的原语术语而言，“找译译法”具有验证双语或多语词典中该类原语术语译语对应词正误的功能，即误译术语的析误纠错功能。例如，一些工具书中有将“直接还原铁”翻译成 direct reduction iron 的先例。然而，笔者采用“找译译法”对大量英文原版钢铁文献进行了调研，却一直未见有 direct reduction iron 的踪影，倒是在一些英文原版钢铁文献中发现了多例与汉语“直接还原铁”概念内涵高度等同的 direct reduced iron 的表述，甚至还在一英文网站上发现了 direct reduced iron 的定义，其内容也和汉语钢铁专业文献中“直接还原铁”的定义高度等同，由此可以确认：与原语术语“直接还原铁”相对应的译语术语并非上述汉英词典或汉语专业工具书所收录的 direct reduction iron，而应是英文原版钢铁文献中经常使用的 direct reduced iron，从而纠正了汉英词典或汉语专业工具书对“直接还原铁”的普遍误译。

5.3 原语术语有无译语对应词的判断要点

在术语翻译中，正确判断待译原语术语有无译语对应词，是正确判断应该选择“找译译法”还是“现有译法”的前提条件。判断一个原语术语有无译语对应词，首先应对该原语术语所属的专业有较为深入的了解，对该原语术语的内涵及产生背景有明确的认知。在此基础上，判断一个原语术语有无译语对应词，视以下具体情况，有一定的端倪可察、规律可循。现以汉译外为例，简介如下，仅供参考。

（1）某一学科的常用基础词汇、词龄较长的词汇有译语对应词的可能性较大；反之，则有译语对应词的可能性较小。某一学科的热门词汇有译语对应词的可能性较大；反之，有译语对应词的可能性较小。

（2）某一种类的动物、植物，如在我国和译语国家均有分布，其名称一般应判断为有译语对应词；如在我国有分布而在译语国家无分布，且在查找汉外词典和相关资料无果的情况下，其名称一般应判断为无译语对应词；如在我国无分布而在译语国家有分布，其名称应判断为有译语对应词。

（3）某一工艺、某一产品，如为我国近期独创的重要工艺、重要产品，该工艺或产品名称有译语对应词的可能性较大；如为我国近期独创的一般工艺、一般产品，该工艺或产品名称有译语对应词的可能性较小；如为我国独创时间已经较长的重要工艺、重要产品，该工艺或产品名称有译语对应词的可能性更大；如为我国独创时间已经较长的一般工艺、一般产品，该工艺或产品名称也有可能成为有译语对应词的原语术语；如为我国由国外引进的工艺或产品，其名称一般应判断为有译语对应词。

5.4　采用“找译译法”选择译语专业文献时的注意事项

本书所指的译语专业文献主要包括译语专业期刊、译语专著、译语专业教材、译语国际标准、译语国家标准、译语专利文献、译语会议录、译语研究报告、译语硕博论文等。译语专业词典、译语百科全书、中外双语或多语词典、中外主题词表等可作为参考文献。特别应注意的是，应优先使用一次专业文献；当一次专业文献与二次、三次专业文献中的内容不同时，应多加论证，通常应以一次专业文献为准。中文专业术语应以中文文献为准，而外文专业术语应以外文专业文献为准。至于互联网上提供的各类相关信息资源，良莠不齐，应注意甄别，慎重使用。

需特别指出的是，在采用“找译译法”选择译语专业文献类别时，首选译语专业期刊查找原语术语的译语对应词具有以下明显的优点。

（1）译语专业期刊出版周期短，通常为月刊、双月刊，能及时反映相关专业的最新发展动态，为相关专业近期出现的原语术语找出其译语对应词的成功率相对较高；而译语专著、译语专业教材、译语国际标准、译语国家标准、译语专利文献、译语会议录、译语研究报告、译语硕博论文、译语专业词典、译语百科全书、中外双语或多语词典、中外主题词表等，出版周期长，少则一两年，多则七八年才有新书或新版问世，为近期相关专业出现的原语术语找出其译语对应词的成功率相对较低，甚至根本找不到。

（2）译语专业期刊不仅能及时反映相关专业的最新发展动态，同时还大量刊登本专业正在使用的工艺设备论文、安全环保资料、仪器仪表简介、市场行情综述、专业标准推广等内容。凡涉及本专业原语术语的译语对应词，从相关专业译语期刊中几乎均可找到。

（3）译语专业期刊的论文写作者、资料提供者，均为本专业的专家、学者，加之又有经验丰富的专业期刊编审人员严格把关，从而可确保从中找到的原语术语的译语对应词准确、规范。

与此同时，采用“找译译法”从译语专业文献中找出原语术语的译语对应词时，通常应遵循以下四条基本原则。

（1）要遵循专业最近性原则。例如，以连铸专业术语“偏离角纵裂纹”为例，其相应的译语对应词最好不要泛泛地在译语连铸专业文献中找，而要从连铸专业中与连铸坯质量相关的译语文献中找。

（2）要遵循语言地道性原则。例如，目前国际上诸多专业杂志都要求用英文撰写论文，这样在其刊载的论文中就会有一些母语为非英语专业人士撰写的论文。在这些论文中，出现不规范甚至错误术语的概率就相对较高。故原语术语的英语对应词一般不应从母语为非英语的专业人士撰写的论文中去找，而应从母语为英语的专业人士撰写的论文中去找，以确保能找到规范、地道的原语术语的英语对应词。

（3）要遵循孤例不为证的原则。在采用“找译译法”从译语专业文献中找出原语术语的译语对应词时，不能偶获一例便最终将其确定为原语术语的译语对应词，而应多查译语专业文献，尤其是遇到疑难问题时，更应多查译语专业文献，书证实例通常不应少于三例。

（4）对于党和国家重要文献中出现的独具我国特色的名词术语，以及一些反映我国政治、经济生活的重要时文新词，其译语对应词一般不应轻易采用“现有译法”译出，也无必要从母语为英语的专业人士撰写的国外文献中去寻找。这是因为党和国家重要文献中的政治、经济乃至法律术语的译语对应词，通常是经过国内一流翻译家的反复琢磨，又经聘请的外国专家的精心润饰而最终确定，因此能正确反映我们在相关问题上的正确观点与立场。因此，我们平时应多搜集、多关注党和国家重要文献的外文版和相关的正式外宣出版物，如《北京周报》《中国日报》等外文报刊。当然，如果读者对上述反映我国政治、经济生活的重要时文新词有深刻的了解，对其翻译有独到的见解和足够的把握，那么，采用“现有译法”自行翻译，无疑也应得到允许和鼓励。

5.5　应尽量查齐找全原语术语所有的译语对应词

按照术语单义性原则的要求，在一个学科领域内，一个术语只表述一个概念，同一个概念只用同一个术语来表达。由此，当我们采用“找译译法”从译语专业文献中寻找原语术语的译语对应词时，似乎只需从中找出原语术语的一个译语对应词即可毕其功于一役，无须再继续寻找。然而，术语单义性原则毕竟只是对术语规范化的一种要求。要求归要求，现实归现实。

根据术语的现实情况，在一个学科领域内，一个原语术语在另一种语言中可能会有 2 个乃至多个译语对应词。例如，就英译汉而言，连续铸钢专业英文术语 dam and weir，其汉语对应词至少有 5 个，即“坝堰”“双挡墙”“上下挡墙”“挡墙和坝”“复合挡渣墙”；炼钢专业英文术语 vessel，其汉语对应词至少有 3 个，即“转炉”“真空室（RH 装置的）”“炉体（转炉的）”；炼铁专业英文术语 high-grade iron ore，其汉语对应词至少有 2 个，即“高品位铁矿石”“富铁矿”。就汉译英而言，钢产品质量汉语术语“表面纵裂纹”，其英语对应词至少有 3 个，即 longitudinal facial crack、longitudinal face crack 和 longitudinal surface crack；连续铸钢专业汉语术语“颗粒保护渣”，其英语对应词至少有 2 个，即 granulated flux 和 granulated powder；炼铁专业汉语术语“煤焦置换比”，其英语对应词至少有 3 个，即 coke/coal replacement ratio、coke-to-coal replacement ratio 和 replacement ratio of coke to coal；如此等等。

因此，当我们采用“找译译法”从译语专业文献中找出原语术语的译语对应词时，切勿浅尝辄止，得一译语对应词即“鸣金收兵”，而应尽量多地查阅各类相关的译语专业文献资料，首先是译语专业期刊，继而旁及译语专著、译语专业教材、译语国际标准、译语国家标准、译语专利文献、译语会议录、译语研究报告、译语硕博论文等。认真查阅，仔细分析，力求从中找出译语专业文献中出现的原语术语所有的译语对应词，至少应是原语术语常见的译语对应词，否则，词到用时方知少，后悔晚矣。

5.6 “找译译法”翻译流程简介

正确厘定原语术语的概念内涵，既是“找译译法”的第一步，也是从译语专业文献中找出与原语术语概念内涵一致的译语术语最为关键的一步。如果对原语术语概念内涵理解有误，则找出的译语术语必然南辕北辙，形成误译。同时，对于已找到的译语术语，译者也要多查资料，仔细甄别，以确保找出的译语术语在概念上与原语术语一致。所有这一切都要求“找译译法”的译者不仅要熟悉原语术语和译语术语的概念内涵，同时还要对其相关背景、使用场合等有较为深入的了解。

一般而言，“找译译法”的主要翻译流程如下，现以钢铁专业最重要术语之一“连铸坯”英译为例予以说明。

（1）把握原语术语概念内涵：弄清原语术语“连铸坯”概念内涵及相关知识。

（2）确定是否适合采用找译译法：“连铸坯”是连续铸钢工艺的产品。根据连续铸钢工艺起源于英国、美国的专业背景，做出与原语术语“连铸坯”相对应的译语术语必定早已存在于英国、美国的钢铁专业文献中的判断，由此确定“找译译法”适用于“连铸坯”英译。

（3）选择相应译语专业文献：遵循专业最近性原则，选择译语连铸专业中与“连铸坯”生产、切割以及产量统计相关的文献。

（4）从中找出概念等同译名：依据原语术语“连铸坯”与其译语对应词概念内涵等同的原理，从相关英语连铸专业文献中找出“连铸坯”的英文译名。

通常，完成前面两步对于懂专业的翻译人士而言可谓轻而易举，因为“连铸坯”概念内涵及相关知识本来就属于他们的应知应会范围。即使对于不了解相关专业的翻译人士而言，完成前面两步应该也不算难事，因为“连铸坯”是钢铁工业最重要的术语之一，其概念内涵与相关知识很容易从相关文献中查得。同时，对于非专业人士而言，翻译专业文献的基本要求是译前必须了解所译专业的基本知识。因此，了解“连铸坯”概念的内涵与相关知识本来就是非专业人士译前应该做的功课，并没有给他们增加额外负担。

然而，无论是对于懂专业的翻译人士，还是对于不了解专业的翻译人士而言，完成后面两步都具有一定的难度，但也并非无捷径可走、无技巧可用。譬如，后文 5.7 节“‘找译译法’类别、翻译实例与误译分析”一节中介绍的 7 种查找译语对应词的方法均涉及文献选择与译语对应词的查找问题，是人们的经验之谈。细心体会，牢记于心，灵活运用，融会贯通，对于快速、准确从译语专业文献中找出原语术语的译语对应词有很大帮助。

总之，对于在原语术语中占绝大多数的有译语对应词的原语术语而言，“找译译法”较之“现有译法”难也好，易也罢，关键是无论哪个国家、哪个民族，其术语最终命名特征选项的选取和术语的命名，都是本国家、本民族通过优胜劣汰、约定俗成而形成的，而“找译译法”顺应了这一客观规律。尊重译语国家、译语民族的术语命名权，采用“拿来主义”的办法，直接从译语专业文献中找出与原语术语对应的译语术语，变的是语言外壳，不变的是在概念意义上和语用效果上实现了与原语术语的最大等值转换。

5.7　“找译译法”类别、翻译实例与误译分析

术语翻译是一项实践性极强的高级思维活动，单纯的逻辑思维或纯理论说教都难以代替具体的实例分析。基于此，本节“找译译法”翻译实例尽量提供真实的术语翻译语境，所举的术语误译实例均源自国内出版的书刊报章。笔者依据“找译译法”在英文或俄文原版专业文献中找到的原语术语英文或俄文对应词，均以含有该英文或俄文对应词例句的形式列出，并标注出例句所在的英文或俄文原版专业文献的出处，以便读者进一步深入分析、研究。

快速、准确地从译语原版专业文献中找出原语术语的译语对应词，最重要的无疑是既要具有深厚的专业知识和敏锐的术语意识，又要具有较高

的外语水平和快速准确的术语查找和识别能力。在此基础上，如果能再掌握一些快速浏览、准确找出译语对应词的技巧，则会事半功倍、如虎添翼。经过多年翻译实践，我们总结出多种采用“找译译法”从译语专业文献中寻找原语术语译语对应词的方法，如指标单位法、按图索骥法、按图索骥+专业判定复合法、定义法、上下文判定法、同类仿译法、专业判定法等。现以实例的方式分别简介如下，以供参考。

5.7.1 指标单位法

“找译译法”之“指标单位法”指的是以译语专业文献中的计量单位为媒介，找出与原语术语相对应的译语术语的一种翻译方法。无论是原语专业文献还是译语专业文献，都会涉及各种各样的生产指标、技术指标、经济指标、质量指标、环境指标等。尽管不同语种对同一指标术语的语言表达方式不同，但在同一种专业文献中同一指标术语在不同语种中的计量单位却是相同的或经过换算是相同的。我们即可利用这一特点作为联系不同语种原语指标术语和译语指标术语的纽带，在译语专业文献中准确找出与原语指标术语相对应的译语指标术语。尤其是对于那些字面意思大相径庭而技术内涵却高度一致的原语指标术语与译语指标术语，采用指标单位法更是快速、准确地从译语专业文献中找出与原语指标术语相对应译语指标术语的一条捷径。

使用该方法，只要知道了原语术语的计量单位，即便是初识英语的译者也能从译语专业文献中较为轻松地找出与原语指标术语相对应的译语指标术语。请参见以下“找译译法”之“指标单位法”翻译实例与误译分析（表 5-1、表 5-2）。

表 5-1 “拉坯速度”翻译实例与误译分析

第一步	查阅专业文献，确定“拉坯速度”概念内涵：“拉坯速度”指的是单位时间内连铸机每一流拉出的铸坯长度，单位为 m/min。
第二步	确认“拉坯速度”为有译语对应词的原语术语，适于采用“找译译法”进行翻译：“拉坯速度”是连铸机的基本技术指标，经查阅相关资料，国内外连铸机早在 20 世纪中叶即已在国内外投入工业应用。作为连铸机基本技术指标的“拉坯速度”，亦应在 20 世纪中叶即已存在于英汉两种语言的专业文献中。由此判断，“拉坯速度”为有译语对应词的原语术语，加之它又具有特定的计量单位，故适于采用“找译译法”之“指标单位法”进行翻译。

续表

第三步	采用“找译译法”之“指标单位法”，利用连续铸钢专业英文原版文献和中文文献中“拉坯速度”的指标单位同为 m/min 作为联系纽带，在英文原版文献中找出 4 句含有“拉坯速度”英文对应词的例句： （1）The metallurgical length of 21.2 m allows casting speeds up to 1.1 m/min for slab strands 200 mm thick. (8,420)[①] （2）Casting speeds are 10%-15% below the designed 3.0 m/min and 4.0 m/min for 115 mm and 100 mm billets to minimise breakouts and an increase in ladle temperature had to be accepted, corresponding to 105 deg.C above liquidus. (8,414) （3）Several years ago roll gap taper was introduced into the curved section of the withdrawal/straightener to optimise control over centreline segregation and the standard casting speed of 0.75 m/min ensures solidification in this controlled region. (8,408) （4）The ISP line achieved a casting speed of 5 m/minute,which is percent faster than the rate achieved in December 1993. (2,94,7,8) 通观以上 4 句含有 casting speed 的英文原版连续铸钢专业文献例句，可以看出 casting speed 的计量单位均为 m/min 或 m/minute。依据“找译译法”之“指标单位法”以下原理——尽管不同语种对同一指标术语的语言表达方式不同，但在同一种专业文献中同一指标术语在不同语种中的计量单位却是相同的或经过换算是相同的——我们即可利用这一特点作为联系不同语种原语指标术语和译语指标术语的纽带，在译语专业文献中准确地找出与原语指标术语相对应的译语指标术语。由于在汉语连铸专业文献中只有“拉坯速度”的计量单位与英语连铸专业文献中 casting speed 的计量单位相同，即均为 m/min 或 m/minute，因此，尽管 casting speed 的词义中毫无“拉坯”的意思，但由于二者的计量单位等同，故可做出 casting speed 即为“拉坯速度”准确、规范的英文对应词的判断。
误译实例分析	依据第二步的分析，“拉坯速度”为有译语对应词的原语术语，加之它又具有特定的计量单位，故适于采用“找译译法”之“指标单位法”进行翻译。然而，我国一些钢铁专业工具书、汉英词典及连铸专业论文的英文摘要却采用“现有译法”，将“拉坯速度”翻译成了 withdrawal speed、withdrawing speed、drawing speed、billet drawing speed、withdrawal velocity 等。上述“拉坯速度”的英文对应词，均为按照汉语民族的思维模式和用词习惯，采用“现有译法”生造出来的，尽管在字面上与汉语“拉坯速度”高度一致，但既不符合英语民族的约定俗成，又不是英语专业文献中真实使用的专业术语，故均为误译。

表 5-2　“高炉利用系数”翻译实例与误译分析

第一步	查阅专业文献，确定“高炉利用系数”的概念内涵：“高炉利用系数”指的是每立方米高炉单位容积一昼夜生产的生铁数量。它是衡量高炉生产率的一个重要指标，单位为 $mt/m^3/day$ 或 $mt/day/m^3$；在美国等国家通常指的是每 $100ft^3$ 高炉工作容积一昼夜生产的生铁数量，单位为 $nthm/day/100\ ft^3$ WV。
第二步	确认“高炉利用系数”为有译语对应词的原语术语，适于采用“找译译法”进行翻译：经查阅相关资料，高炉炼铁技术早在 19 世纪初叶即已在英美等国投入工业应用，我国于 19 世纪末也已建成两座高炉，故“高炉利用系数”以及与之相对应的英文对应词亦应早已存在于英汉两种语言的炼铁专业文献中。由此判断，“高炉利用系数”为有译语对应词的原语术语，加之“高炉利用系数”具有特定的计量单位，故适于采用“找译译法”之“指标单位法”进行翻译。

① 本书中每一例句末尾圆括号内注明的数字均为英文原版钢铁专业文献实例的出处，具体说明见后文附录一“本书英文原版例句主要参考文献及出处简要标注法”。

续表

第三步	采用“找译译法”之“指标单位法”，利用在英文和中文高炉炼铁文献中“高炉利用系数”的指标单位同为 mt/day/m^3 或 mt/m^3/day，以及在美国等国家的单位为 nthm/day/100 ft^3 WV（可换算为 mt/day/m^3）作为联系纽带，找出两句含有“高炉利用系数”英文对应词的例句： （1）Therefore, to meet the needs of the melt shop, productivity would have to be increased to about 2.78 mt/day/m^3(10 nthm/day/100 ft^3 WV). (2,94,7,33) （2）The productivity is mt/m^3/day. (2,98,11,52) 通观以上两句含有 productivity 的专业文献例句，可以看出其计量单位或是 mt/day/m^3，或是 mt/m^3/day，或是可换算成 mt/day/m^3 或 nthm/day/100 ft^3 WV。依据“找译译法”之“指标单位法”以下原理——尽管不同语种对同一指标术语的语言表达方式不同，但在同一种专业文献中同一指标术语在不同语种中的计量单位却是相同的或经过换算是相同的——我们即可利用这一特点作为联系不同语种原语指标术语和译语指标术语的纽带，在译语专业文献中准确找出与原语指标术语相对应的译语指标术语。由于在汉语炼铁专业文献中唯有“高炉利用系数”的计量单位与英语炼铁文献中 productivity 的计量单位相同，即 mt/day/m^3 或 mt/m^3/day，或 nthm/day/100 ft^3 WV，故由此可以确定 productivity 即为“高炉利用系数”准确、规范的英文对应词简称。 继续采用“找译译法”之“指标单位法”在英文原版高炉炼铁专业文献中找出 1 例含有“高炉利用系数”英文对应词全称的例句： （3）This dunite sinter was found to have superior high temperature properties, which resulted in an improvement in blast furnace productivity by about 4.5 percent and a decrease in coke rate by 21 kg/mthm at Tata Steel. (2,95,2,56) 综上所述，“高炉利用系数”准确、规范的英文对应词全称为 blast furnace productivity，简称为 productivity。
误译实例分析	依据第二步的分析，“高炉利用系数”为有译语对应词的原语术语，加之它又具有特定的计量单位，故本应采用“找译译法”之“指标单位法”进行翻译，然而，一些汉英词典或钢铁专业工具书却采用“现有译法”中的直译或意译法将其翻译成了 capacity factor of blast furnace、blast furnace capacity factor、coefficient of utilization of capacity of blast furnace、utilization coefficient of blast furnace、BF utilization coefficient 等。 上述“高炉利用系数”的英文对应词，虽在字面上与汉语“高炉利用系数”较为一致，但均为按照汉语民族的思维模式和用词习惯采用“现有译法”生造出来的，并非英语原版专业文献中约定俗成、真实使用的炼铁专业术语，故均为误译。

5.7.2 按图索骥法

图示历来被视为操不同语言的人进行交流的最直接、最有效的方法之一。所谓“找译译法”之“按图索骥法”，指的是通过对比原语专业文献和译语专业文献中的插图（或已知实体物件的外观形貌）及相关文字资料，直接从译语专业文献的文字资料中找出与原语术语相对应的译语术语。该方法的优点是在译语专业文献中有插图（或已知实体物件的外观形貌）和相关文字说明的情况下，能够快速准确地从中找到与原语术语相对应的译语术语。请参见以下“找译译法”之“按图索骥法”翻译实例与误译分析（表 5-3）。

表 5-3　“浸入式水口”翻译实例与误译分析

第一步	查阅专业文献，确定连铸“浸入式水口”概念的内涵如下：“浸入式水口”是连续铸钢设备中安装在中间罐底部并插入结晶器钢水面以下的浇注用耐火套管。其主要功能是防止中间罐注流的二次氧化和钢水飞溅，对于提高铸坯质量、改善劳动条件、稳定连铸操作、防止铸坯表面缺陷等有显著成效。
第二步	确认连铸“浸入式水口”为有译语对应词的原语术语，适于采用“找译译法”进行翻译：经查阅相关资料，连铸“浸入式水口”早在 20 世纪 60 年代即已在我国和英语国家连铸生产中投入工业应用。由此判断，指称连铸“浸入式水口”的中文和英文术语早已存在于中文、英文各自的专业文献中，加之“浸入式水口”为常见的实体设备，故连铸“浸入式水口”适于采用“找译译法”之“按图索骥法”进行翻译。
第三步	我们采用“找译译法”之“按图索骥法”，在英文原版连铸专业文献中找到一幅标注有英文连铸“浸入式水口”的图片： 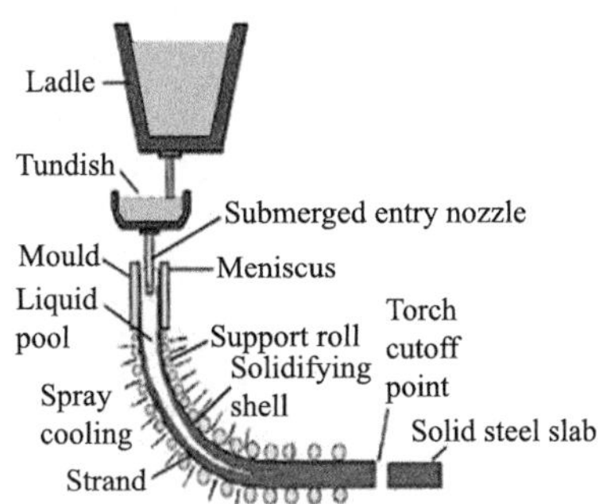 依据在第一步查阅的汉语专业文献，“浸入式水口”是连续铸钢设备中安装在中间罐底部并插入结晶器钢水面以下的浇注用耐火套管。按此说明，由上图和图中的说明文字可以清楚地看出：submerged entry nozzle 正好位于中间罐（tundish）底部并插入结晶器（mould）钢水面以下，故可判断“浸入式水口”相应的英文对应词应为 submerged entry nozzle。
误译实例分析	依据第二步的分析，连铸“浸入式水口”为有译语对应词的原语术语，加之它又是连铸专业中常见的实体设备，故适于采用“找译译法”之“按图索骥法”进行翻译。然而，我国的一些钢铁专业汉英词典、工具书和一些文章的英文摘要却采用“现有译法”将“浸入式水口”误译成了 submerged nozzle、submerged tube、immersed nozzle 等。连铸“浸入式水口”的上述英译名，均为按照汉语民族的思维模式和用词习惯采用“现有译法”生造出来的，尽管在字面上与汉语“浸入式水口”高度一致，但它们既不符合英语民族的约定俗成，又不是英语专业文献中真实使用的专业术语，故均为误译。

5.7.3　按图索骥+专业判定复合法

“找译译法”之“按图索骥+专业判定复合法”指的是通过“按图索骥法”仍不能确定与原语术语相对应的译语术语的情况下，进一步借助“专业判定法”从译语专业文献中的插图和相关文字资料中找出与原语术语相对应的译语术语（表 5-4）。

表 5-4　“弧形连铸机”翻译实例与误译分析

第一步	查阅专业文献，确定“弧形连铸机”的概念内涵：“弧形连铸机”结晶器呈弧形，并和铸坯导向装置布置在四分之一圆上。钢水在结晶器内形成弧形铸坯，沿着弧形辊道在向下运动的过程中接受喷水冷却，直至完全凝固。铸坯全凝后在水平切点处进入矫直机，然后切割成定尺。
第二步	确认“弧形连铸机”为有译语对应词的原语术语，适于采用“找译译法”之“按图索骥法”进行翻译：经查阅相关资料，“弧形连铸机”早在 20 世纪 60 年代即已在我国和俄罗斯投入工业应用，故指称它的原语术语和译语术语必定早已存在于汉语和俄语专业文献中，加之“弧形连铸机”为实体连铸设备，故“弧形连铸机”应为有译语对应词的原语术语，适于采用“找译译法”之“按图索骥法”进行翻译。
第三步	之前受相关单位委托，笔者曾将一篇连铸资料翻译成俄文。其中，“弧形连铸机”是该资料的关键词。在第一稿中，有人按“现有译法”将其翻译成 МНЛЗ дугообразной формы，应该说在字面上与汉语“弧形连铸机”字字对应，在语法上也符合俄语的习惯用法。审稿时有人问将“弧形连铸机”翻译成 МНЛЗ（连铸机）дугообразной формы（弧形的）是否有依据，译者答“自翻的”（实际上就是按“现有译法”翻译的）。鉴于“弧形连铸机”是实体连铸设备，慎重起见，我们决定采用“找译译法”之“按图索骥法”进行翻译，先找到含有机型说明的“弧形连铸机”图片，然后再按照图片和机型说明，确定“弧形连铸机”的俄文译名。几经努力，我们终于在一篇俄文版论述连铸机机型的文章中，查到六幅带有机型说明的连铸机图片，但在每一种机型说明中，都未发现 МНЛЗ дугообразной формы 的字样；又经查阅其他俄文连铸专业文献进行佐证，也未发现有 МНЛЗ дугообразной формы 的字样。这说明，第一稿按“现有译法”将“弧形连铸机”翻译成 МНЛЗ дугообразной формы 显为误译。在查到的这六幅连铸机图片中，到底哪一种是“弧形连铸机”的图片呢？凭着直观，我们从中筛选出两幅疑似“弧形连铸机”的图片，如下所示： 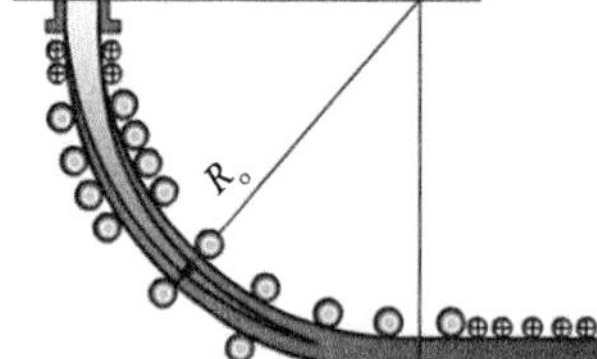 **Рисунок 2-Схема МНЛЗ радиального типа (Ro–базовый радиус МНЛЗ)** 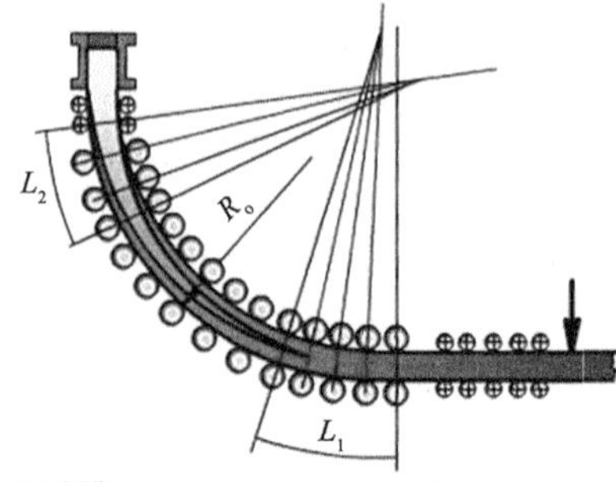 **Рисунок 4-Схема МНЛЗ криволинейного типа (L_1–участок разгиба заготовки; L_2–участок загиба заготовки; R_o–базовый радиус МНЛЗ)**

续表

第三步	至此，可称之为术语“找译译法”之“按图索骥法”，但从以上图片所标明的连铸机名称来看，一种是 МНЛЗ радиального типа（直译为“径向型连铸机”），另一种是 МНЛЗ криволинейного типа（直译为“曲线型连铸机”）；从连铸坯在连铸机中的运行轨迹看，都呈弧形。故仅从以上图片所标明的连铸机名称和连铸坯在连铸机中的运行轨迹来看，仍辨别不出来其中哪一种是“弧形连铸机”。 显然，下一步就需要在“找译译法”之“按图索骥法”所得结果的基础上，再采用“找译译法”之“专业判定法”来判定“弧形连铸机”的俄文译名。 经查阅相关连铸专业文献，结晶器和铸坯导向装置布置在大致四分之一椭圆上的连铸机为“椭圆形连铸机”，亦称“超低头连铸机”，它具有多种不同量值的曲率半径；结晶器和铸坯导向装置布置在大约四分之一圆上的连铸机为“弧形连铸机”，它具有单一的曲率半径。根据上述专业知识，再对比采用“找译译法”之“按图索骥法”找出的以上两幅疑似“弧形连铸机”的图片，就很容易判断出“弧形连铸机”的规范俄文译名当属第一幅图的文字说明中的 МНЛЗ радиального типа。至此，可称之为术语“找译译法”之“按图索骥法+专业判定复合法”。 试想一下，如果不采用“找译译法”之“按图索骥+专业判定复合法”，而单独采用“现有译法”或者单独采用“找译译法”之“按图索骥法”，能将“弧形连铸机”翻译成字面意思与其毫不相干，但概念内涵和语用效果却实现了最大等值的俄文译名 МНЛЗ радиального типа 吗？
误译实例分析	依据第二步的分析，“弧形连铸机”为有译语对应词的原语术语，加之它又是连铸专业中常见的实体设备，故适于采用“找译译法”之“按图索骥法”进行翻译。通过“找译译法”之“按图索骥法”，笔者在俄文连铸专业文献中找出了两幅疑似“弧形连铸机”的图片，在仍无法确定“弧形连铸机”俄文译名的情况下，又借助“找译译法”之“专业判定法”，最终得出了“弧形连铸机”规范的俄文译名应为 МНЛЗ радиального типа。然而，一些译者无视“弧形连铸机”是有译语对应词的原语术语的事实，误将“现有译法”运用到了有译语对应词的“弧形连铸机”翻译中，将其翻译成了 МНЛЗ дугообразной формы。该俄文译名虽在字面上与中文“弧形连铸机”逐字对应，但它既未经过俄语民族的约定俗成，又不是俄文连续铸钢专业文献中真实使用的用以表达“弧形连铸机”概念的俄文术语，故为误译。

5.7.4 定义法

“找译译法”之“定义法”指的是通过查阅原语工具书或其他相关资料中的原语术语定义，确认原语术语的概念内涵和实际所指，进而从译语专业文献中找出与原语术语准确对应的译语术语的翻译方法。请参见以下“找译译法”之“定义法”翻译实例（表 5-5、表 5-6）。

表 5-5 炼铁术语 bend line 翻译实例与误译分析

第一步	查阅 bend line 的定义，确定 bend line 的概念内涵：依据 *The Making, Shaping and Treating of Steel*（11th edition, David H. Wakelin, The AISE Steel Foundation, 1999），bend line 作为高炉炼铁术语指的是“the horizontal line at the upper termination of the inwall batter”，即“高炉炉身斜坡上端处的一条水平线”。
第二步	确认 bend line 为有译语对应词的原语术语，适于采用“找译译法”进行翻译：经查阅相关资料，高炉炼铁技术早在 19 世纪初叶即已在英美等国投入工业应用，我国于 19 世纪末也已建成两座高炉。故 bend line 作为一个炼铁术语及与之相对应的中文对应词，应早已存在于英汉两种语言的炼铁专业文献中。由此判断，bend line 为有译语对应词的原语术语，适于采用“找译译法”进行翻译。

续表

第三步	依据“找译译法”之“定义法”，既然英文原版炼铁专业文献给出的 bend line 定义是“高炉炉身斜坡上端处的一条水平线”，那么与 bend line 相对应的译语术语即应为“炉身上水平线”。
误译实例分析	一些词典采用“现有译法”中的直译方法，分别将高炉炼铁术语 bend line 翻译成了“折线”和“转折线”。但依据上述第三步“找译译法”之“定义法”所做的分析论证，bend line 作为一个炼铁术语，丝毫没有“折线”或“转折线”的含义，它指的是“高炉炉身斜坡上端处的一条水平线”。将其翻译成“炉身上水平线”，不仅技术含义准确，同时也符合科技术语见词知义、通俗易懂的基本要求。一些英汉词典将炼铁术语 bend line 分别翻译成了“折线”和“转折线”，显系误译。

表 5-6　炼铁术语 iron oxide 翻译实例与误译分析

第一步	查阅 iron oxide 的定义，确定 iron oxide 的概念内涵：依据 *An Encyclopaedia of the Iron & Steel Industry* (A. K. Osborne, New York: Philosophical Library, 1956)，iron oxide 作为高炉炼铁术语指的是“three oxides of iron are known: iron monoxide (FeO), ferrous oxide; iron sesquioxide (Fe_2O_3), ferric oxide; magnetic oxide of iron (Fe_3O_4), ferrosoferric oxide”。翻译成中文，iron oxide 作为高炉炼铁术语指的是“氧化亚铁（FeO）、氧化铁（Fe_2O_3）和四氧化三铁（Fe_3O_4）三种含铁氧化物的统称”。
第二步	确认 iron oxide 为有译语对应词的原语术语，适于采用“找译译法”进行翻译：经查阅相关资料，高炉炼铁技术早在 19 世纪初即已在英美等国投入工业应用，我国于 19 世纪末也已建成两座高炉。故 iron oxide 作为一个炼铁术语及与之相对应的中文对应词，亦应早已存在于英汉两种语言的炼铁专业文献中。由此判断，iron oxide 为有译语对应词的原语术语，适于采用“找译译法”进行翻译。
第三步	依据“找译译法”之“定义法”，既然英文原版炼铁专业文献给出的 iron oxide 定义是“氧化亚铁（FeO）、氧化铁（Fe_2O_3）和四氧化三铁（Fe_3O_4）三种含铁氧化物的统称”，那么与 iron oxide 相对应的译语对应词即应为目前在我国炼铁专业文献中经常出现的“铁氧化物”。以下是从我国炼铁专业文献中找出的 3 句含有 iron oxide 汉语对应词的例句： （1）近年来有关铁氧化物还原机理的研究有了很大进展，人们对它的认识日趋接近实际状态。（中国冶金百科全书编辑部，2001：28） （2）碳气化反应是一个非常重要的工业反应，同时碳气化反应又是铁氧化物/碳混合物还原过程中耦合气-固反应之一，也可能是铁氧化物/碳混合物还原过程的限制性环节。 （3）CO 及 CO-H_2 气体还原铁氧化物反应表观活化能的评估。由以上 3 句含有 iron oxide 汉语对应词铁氧化物的例句可以清晰地看出：iron oxide 正确、规范的汉语对应词应为“铁氧化物”。
误译实例分析	据查，一些综合英汉科技词典和冶金专业英汉词典都将 iron oxide 翻译成“氧化铁（Fe_2O_3）”，但从诸多英文原版钢铁专业文献来看，将 iron oxide 翻译成“氧化铁（Fe_2O_3）”为明显误译。例如，在一本概述铁矿石炼铁的英文原版钢铁专著中，开门见山的一句为“When an ore containing iron oxide is heated with carbon-bearing coke, metallic iron is produced.”按照现有英汉词典，如将其中的 iron oxide 翻译成“氧化铁（Fe_2O_3）”，该句的汉语译文则是“将含有氧化铁的矿石用含有碳元素的焦炭加热时，就会生产出金属铁”。从专业的角度审视这句译文会发现，一本概述铁矿石炼铁的英文原版钢铁专著绝不会只提“含有氧化铁”的矿石，还应提含有“四氧化三铁”等的铁矿石。根据 iron oxide 的定义，iron oxide 除包括“氧化铁（Fe_2O_3）”，还应包括“四氧化三铁（Fe_3O_4）”以及“氧化亚铁（FeO）”。故而，现有英汉词典将 iron oxide 简单地翻译成“氧化铁（Fe_2O_3）”，显然是不妥的。经与汉语炼铁专业文献中的相关术语进行对比，至少在炼铁专业中，与 iron oxide 准确对应的汉语术语应为炼铁专业中最常用的重要术语“铁氧化物”，即含铁氧化物的统称，而并非仅仅是“铁氧化物”之一的“氧化铁（Fe_2O_3）”。

5.7.5　上下文判定法

“找译译法”之“上下文判定法”指的是利用译语专业文献的上下文内容，从中准确找出与原语术语相对应的译语术语的一种翻译方法。请参见以下“找译译法”之“上下文判定法”翻译实例（表 5-7）。

表 5-7　“多炉连浇法”翻译实例与误译分析

第一步	查阅专业文献，确定“多炉连浇法”的概念内涵：多炉连浇法指的是在连续铸钢过程中上一次引锭杆可连浇多炉钢水的操作，因此它与上一次引锭杆仅浇注一炉钢水的操作相比，辅助时间大为减少，铸机作业率大为提高。多炉连浇是一项高难技术，它是连铸设备、工艺、管理水平的综合体现。为实现多炉连浇，我国已开发了一系列技术，如采用钢包回转台，实现快速更换钢包；采用大容量中间包，保证更换钢包时，不降低拉速以及结晶器在线调宽等，从而使连浇时间大为延长，连浇炉数大为增加。
第二步	确认“多炉连浇法”为有译语对应词的原语术语，适于采用“找译译法”进行翻译：经查阅资料，“多炉连浇法”早在 20 世纪 80 年代已在我国和俄罗斯投入工业应用，故指称“多炉连浇法”的汉语和俄语术语亦应早已存在于我国和俄罗斯的专业文献中。由此判断，“多炉连浇法”为有译语对应词的原语术语，适于采用“找译译法”进行翻译。
第三步	与汉译英的相关词典、工具书以及有关资料相比，汉译俄的相关词典、工具书以及有关资料奇缺，至今尚无一部汉俄冶金工业词典。在此种情况下，为获得与汉语“多炉连浇法”准确相对应的俄语术语，唯一的办法就是采用“找译译法”，直接从俄文原版专业文献中找出“多炉连浇法”的俄语对应词。 当我们在一篇题为«Повышение производительности труда при непрерывном литье заготовок»的论文（摘自«сталь»，1981，No. 3，c. 87-89）中阅读到 методом«плавка на плавку»时，并没有给予必要的注意，因为 методом«плавка на плавку»在字面上既无“多炉”又无“连浇”的意思，所以没有将其与我们需要寻找的与“多炉连浇法”相对应的俄语术语联系起来，但紧跟其后的以下内容却引起了我们的关注：“При этом значительно сокращаются затраты времени, а следовательно, уменьшаются и трудовые затраты на выработку единицы продукции, так как подготовка к разливке осуществляется один раз и при разливке одной плавки, при разливке целой серии, а общая длительность ряда подготовительных операций в обоих случаях одинакова.”该句俄文翻译成中文则是：“在这种情况下，生产单位铸坯所需的时间，以及所需的劳动量都会随之降低。这是因为无论是浇注一炉，还是连续浇注多炉，所需的浇注准备工作均需一次，即在这两种情况下所需的准备工作总时间是一样的。”略懂连续铸钢专业的人士都能看出：这不正是对“多炉连浇法”的典型诠释吗？加之该句俄文开头所使用的 При этом 相应的中文意思是“在这种情况下”，当然是指紧列其前的在 методом«плавка на плавку»的情况下。由此则更进一步证明了 методом«плавка на плавку»即为“使用多炉连浇法”的俄文对应词。将其还原成主格 метод«плавка на плавку»，即为我们采用“找译译法”又借助“上下文判定法”所找出的与汉语术语“多炉连浇法”相对应的俄文术语。
误译实例分析	采用“找译译法”之“专业判定法”，从译语专业文献中找出原语术语的译语对应词时，常常会出现译语对应词与原语术语在字面上严重不对应的情况。在此种情况下，即便在译语专业文献中出现了所需要找的原语术语的译语对应词，译者也未必能识别出。因此，在采用“找译译法”从译语专业文献中找出原语术语的译语对应词时，如在译语专业文献中遇到了生僻的“译语术语”，可借助“上下文判定法”仔细琢磨，明辨其义，也许这个生僻的“译语术语”，正是你需要找的原语术语的译语对应词。

5.7.6 同类仿译法

“找译译法”之“同类仿译法”指的是对于具有同一中心词且修饰语语法结构相同但通常仅有一词之差的一组词组型原语术语而言，可先在译语专业文献中找出其中之一原语术语的译语对应词，其余原语术语的译语对应词则可仿效先找出的原语术语的译语对应词，仅置换其中的一词就能将其译出的一种翻译方法。请参见以下“找译译法”之“同类仿译法”翻译实例（表 5-8）。

表 5-8 “板坯连铸机”“小方坯连铸机”“大方坯连铸机”“圆坯连铸机”翻译实例与误译分析

第一步	查阅专业文献，确定“板坯连铸机”“小方坯连铸机”“大方坯连铸机”“圆坯连铸机”的概念内涵：上述术语指用于将钢水通过连铸的方式分别生产出板坯、小方坯、大方坯和圆坯等的连铸机。
第二步	确认“板坯连铸机”“小方坯连铸机”“大方坯连铸机”“圆坯连铸机”为有译语对应词的原语术语，适于采用“找译译法”进行翻译：经查阅相关资料，至少早在 50 年前，“板坯连铸机”“小方坯连铸机”“大方坯连铸机”“圆坯连铸机”即已在我国和英美等国投入工业生产，因此用于指称它们的中英文术语应该早已存在于中英文专业文献中。由此判断，“板坯连铸机”“小方坯连铸机”“大方坯连铸机”“圆坯连铸机”均为有译语对应词的原语术语，适于采用“找译译法”进行翻译。
第三步	无论是“板坯连铸机”“小方坯连铸机”“大方坯连铸机”还是“圆坯连铸机”，其中心词均为“连铸机”，其语法结构均为偏正结构，即不同的坯型修饰其后的中心词“连铸机”。在此种情况下，欲将其翻译成相应的英文术语，而又不知道其准确的英文对应词时，切勿率尔操觚，按“现有译法”中的直译法将“板坯连铸机”“小方坯连铸机”“大方坯连铸机”“圆坯连铸机”分别翻译成 slab continuous caster、billet continuous caster、bloom continuous caster、round continuous caster 等，而应先通过在英语专业文献中找出其中之一原语术语的英语对应词。譬如，笔者先采用“找译译法”，依据“大方坯连铸机”的概念内涵，从英文原版专业文献中找出了 4 句含有“大方坯连铸机”英文对应词的例句： （1）VAI will revamp two six-strand <u>continuous bloom casters</u> and the existing ladle furnace.(2,98,8,14) （2）The Kokura Works also operates a three strand <u>continuous bloom caster</u> that casts about 70 percent of the plant’s crude steel output.(2,95,8,5) （3）The equipment will be installed on both a duplex <u>continuous bloom casting machine</u> for 160-mm rounds,or up to a 240×280-mm bloom,and a 3-strand billet caster to produce 120-mm and 160-mm RCS billets.(1,98,4,5) （4）The run-out area of the <u>bloom caster</u> is equipped with all required facilities for handling,controlled cooling and testing of high quality blooms(length 3.5 to 12 m).(8,431) 由以上 4 句含有“大方坯连铸机”英文对应词的例句可以清晰地看出：“大方坯连铸机”正确、规范的英文对应词有三种，即 continuous bloom caster、continuous bloom casting machine、bloom caster。 而若要将其余 3 种不同坯型的连铸机翻译成英文，只需按“找译译法”之“同类仿译法”，将先行找出的 continuous bloom caster、continuous bloom casting machine、bloom caster 中的坯型 bloom 改成需要翻译的坯型即可。例如，需要将“板坯连铸机”翻译成英文时，只需将上述的三个译名中的 bloom 改成 slab（板坯）即可得出“板坯连铸机”三种不同的译语对应词。

续表

误译实例分析	汉译词组型术语因词序不当而造成的误译占有相当大的比例。以本例中的“板坯连铸机”英译为例，一些词典采用“现有译法”将其翻译成了 slab (continuous) casting machine；不少钢铁专业英语论文摘要采用“现有译法”将其翻译成了 slab continuous caster 或 slab continuous casting machine。这些翻译实例，虽在字面和词序上与汉语“板坯连铸机”逐字对应，但并非英文原版连铸专业文献中实际使用的专业术语，有违专业术语的约定俗成性，故为误译。

5.7.7 专业判定法

“找译译法”之“专业判定法”指的是利用专业知识从译语专业文献中准确找出与原语术语相对应的译语术语的一种翻译方法。采用该方法的前提条件是不仅要对原语术语的概念了然于心，还要对原语术语的相关背景、使用场合等有较为深入的了解。唯有如此，使用专业判定法方能得心应手、游刃有余。尤其是对于那些字面意思风马牛不相及而概念含义却等同的原语术语和译语术语，若要从译语专业文献中准确找出与原语术语相对应的译语术语，专业知识的作用尤为重要。请参见以下“找译译法”之“专业判定法”翻译实例（表 5-9 至表 5-31）。

表 5-9　连铸“结晶器”翻译实例与误译分析

第一步	查阅专业文献，确定连铸“结晶器”的概念内涵：结晶器是承接从中间罐注入的钢水并使之按规定断面形状凝固成坚固坯壳的连续铸钢设备。它是连铸机最关键的部件，经常被称为连铸机的心脏。其结构、材质和性能参数对铸坯质量和铸机生产能力起着决定性作用。
第二步	确认连铸“结晶器”为有译语对应词的原语术语，适于采用“找译译法”进行翻译：经查阅相关资料，连铸“结晶器”作为连铸机的关键组件早在 20 世纪 50 年代即已在英美等国投入大规模工业应用。故用以指称连铸“结晶器”的专业术语，亦应早已存在于英美连铸专业文献中。由此判断连铸“结晶器”为有译语对应词的原语术语，适于采用“找译译法”进行翻译。
第三步	采用“找译译法”之“专业判定法”，依据连铸“结晶器”的概念内涵，从英文原版专业文献中找出 6 句含有连铸“结晶器”英文对应词的例句： （1）The molten flux pool formed above the meniscus of the steel acts as a reservoir, which ideally provides a continuous supply of liquid flux to the mold/strand gap. （2）This ensures that a sufficiently thick shell will be present at the mold exit to safely contain the liquid core of the strand during both steady-state casting and transient conditions. (2,96,2,47) （3）Today, modern casing machines for high quality and high production rely upon good mould design for maximum stability, accuracy of oscillation, flexibility of stroke and frequency, long life and for quick change components. (3,98,9,CC18) （4）Mold powder consumption has been expressed in different forms, such as kg/ton of steel, kg/m^2 and kg/minute. However, the consumption depends upon the size of the cast slab and is proportional to the surface of the strand. Therefore, the amount of powder consumed per unit of surface area (kg/m^2) is most suitable for evaluating the lubrication capability of mold fluxes. (2,95,10,101)

续表

第三步	（5）The melting rate of a mould powder is affected by a series of factors: (i) the carbon content, (ii) the particle size and the nature of the carbon used, (iii) the vertical heat flux (which depends upon casting speed, turbulence, steel temperature, etc.), and (iv) the presence of exothermic agents in the powder. (10,02,3,195) （6）Casting speed has a strong influence on oscillation mark depth because it affects liquid steel temperature at the meniscus, and the corresponding temperature distribution in the mould flux channel.(5,469) 由以上 6 句含有连铸“结晶器”英文对应词的例句可以清晰地看出：连铸“结晶器”正确、规范的英式拼写为 mould，见例（3）、（5）、（6）；美式拼写为 mold，见例（1）、（2）、（4）。
误译实例分析	依据第二步的分析，连铸“结晶器”为有译语对应词的原语术语，适于采用“找译译法”进行翻译。而一些书籍和杂志的英文摘要却采用“现有译法”按字面意思将连铸“结晶器”直译成了 crystallizer。它虽在字面上与汉语“结晶器”相对应，但由于它们是按照汉语民族的思维模式和用词习惯采用“现有译法”生造出来的，既未经过英语民族的约定俗成，又不是英语专业文献中用以指称连铸“结晶器”专业概念的真实使用的专业术语，故显系误译。

表 5-10　“高炉大修”翻译实例与误译分析

第一步	查阅专业文献，确定“高炉大修”的概念内涵：高炉大修是指高炉一代寿命结束，需要重新砌筑包括炉底和炉缸在内的全部炉衬，更换冷却器并进行技术改造。
第二步	确认“高炉大修”为有译语对应词的原语术语，适于采用“找译译法”进行翻译：经查阅相关资料，确认“高炉大修”这一技术概念不唯中国特有，而是一个国际钢铁界通行的技术概念。由此判断，用以指称“高炉大修”概念的英文术语必然早已存在于英美钢铁工业文献中。故“高炉大修”为有译语对应词的原语术语，适于采用“找译译法”进行翻译。
第三步	采用“找译译法”之“专业判定法”，依据“高炉大修”的概念内涵，从英文原版专业文献中找出 7 句含有“高炉大修”英文对应词的例句： （1）Bethlehem Steel Corp's C-4 blast furnace reline project in Burns Harbor, Indiana, was completed two days ahead of its 95 day schedule on 1 November 1994. Planning of the reline commenced in February 1992 under a partnership arrangement. (4,95,2,23) （2）Ironmaking projects include granular coal injection on No.3 and No.4 blast furnace ($18 million), a revamp and reline of No.4 furnace ($10 million) (completed), and the transfer of blast furnace gas from No.5 furnace to the pelletizing plant. (1,98,2,33) （3）The 1995 reline of No.5 blast furnace is an undertaking that was never approached in previous relines of any blast furnace in the history of Wheeling-Pittsburgh Steel. (1,96,7,90) （4）Blast furnace relines and upgrades continue to be major capital expenditure of North American Integrated producers (see discussion of integrated plant modernization). (1,98,2,40) （5）Much of this investment will be used to complete projects that are currently under construction, including a new galvanizing line, a cold-rolling mill for stainless steel, and the relining of a blast furnace. （6）Further, the Gary No.13 blast furnace, the largest in the corporation, was relined at a cost of $100 million. （7）A goal of reaching l05 kg/tHM PCI before the scheduled reline was set. 由以上例句可以看出，“高炉大修”准确、通用的英文对应词应为 blast furnace reline 如第（1）、（4）例、reline of blast furnace 如第（3）例、relining of blast furnace 如第（5）例；在语境明确的情况下，可简略为 reline 如第（1）、（7）例或 reline of furnace 如第（2）例。此外，还可以将 blast furnace 作为主语，使用 reline 的被动态作谓语，来表达“高炉大修”如第（6）例。

续表

误译实例分析	1. 依据第二步的分析，“高炉大修”为有译语对应词的原语术语，本应采用“找译译法”进行翻译，但我国一些书刊报章、网络在线翻译却采用“现有译法”将其翻译成了 big repair of blast furnace、major repair of blast furnace、blast furnace overhaul、blast furnace renewal、overhauling blast furnace、blast furnace revamping、capital repair of blast furnace 和 heavy repair of blast furnace 等 8 个误译译名。这些英译名虽在字面上与汉语“高炉大修”高度对应，但由于它们是按照汉语民族的思维模式和用词习惯，采用“现有译法”生造出来的，既未经过英语民族的约定俗成，又不是英语专业文献中用以指称“高炉大修”专业概念的真实使用的专业术语，故显系误译。 2. “高炉大修”是炼铁专业常见术语之一，具有特定的技术含义，同时也具有特定的英文对应词。在以上 7 句例句中，“高炉大修”中的“大修”英文对应词均用名词 reline 和 reline 的动名词和被动态表示。须知，reline 的本义是“更换炉衬”。依据“高炉大修”的概念内涵，高炉一代寿命结束，需要重新砌筑包括炉底和炉缸在内的全部炉衬，更换冷却器并进行技术改造，即为“高炉大修”，故如果一座高炉连炉衬都更换了，那么与汉语“大修”相对应的英文术语当然就是 reline 了。 3. 笔者翻遍包括《英汉大词典》在内的手头所有英汉词典，reline 的词类标注均为动词，但在 blast furnace reline 中，reline 明显为名词，且我们查阅的二十余年连续炼铁英文原版专业期刊中均如此，由此可见将 reline 作为名词使用并非炼铁英文原版专业文献的一时误用。词典是灰色的，而现实的语言之树常青，在炼铁英文原版专业期刊中，reline 作为名词已上岗履职 20 年以上。

表 5-11　“连浇炉数”翻译实例与误译分析

第一步	查阅专业文献，确定“连浇炉数”的概念内涵：连浇炉数是指连铸机装一次引锭杆连续浇注两炉及两炉以上的炉数。“连浇炉数”越多，连铸机的利用率和金属收得率就越高，辅助材料消耗就越少。它是连铸机重要的经济技术考核指标之一。
第二步	确认“连浇炉数”为有译语对应词的原语术语，适于采用“找译译法”进行翻译：经查阅相关资料，“连浇炉数”早在 20 世纪 70 年代即已在英美等国作为连铸机重要的技术经济指标进行考核。故用以指称“连浇炉数”的英文术语，亦应早已存在于英美连铸专业文献中。由此判断“连浇炉数”为有译语对应词的原语术语，适于采用“找译译法”进行翻译。
第三步	采用“找译译法”之“专业之判定法”，依据“连浇炉数”的概念内涵，从英文原版连铸专业文献中找出 4 句含有“连浇炉数”英文对应词的例句： （1）Since the start up of the caster, an average <u>sequence length</u> of 17 heats has been obtained. (5,275) （2）<u>Sequence length</u> has reached up to 18 heats by making tundish exchanges, which is a success story in itself for the Middletown Caster. (8,450) （3）It is shown that mixed grade casting can be a very effective way of producing a wide product mix while still maintaining reasonable <u>sequence lengths</u>. (2,91,11,37) （4）As a result, the average <u>sequence lengths</u> per tundish at the No.1 caster and No.2 caster were 3.5 heats per tundish and 5.6 heats per tundish, respectively. (2,94,6,13) 由以上例句可以看出，“连浇炉数”准确、规范的英文对应词应为 sequence length。
误译实例分析	依据第二步的分析，“连浇炉数”为有译语对应词的原语术语，本应采用“找译译法”进行翻译，将其收录到汉英词典中供人查阅。然而我们查阅了五六部汉英词典，却发现它们均没有将其收录。我国一些论文的英文摘要却采用“现有译法”将“连浇炉数”翻译成了 the number of continuous casting heat；甚至一些钢铁专业论文的标题英译文采用“现有译法”将“连浇炉数”翻译成了 casting heat。一些网络在线翻译软件采用“现有译法”将“连浇炉数”翻译成了 continuous pouring furnace number 或 the number of continuous pouring furnaces。

续表

误译实例分析	上述采用“现有译法”得到的 4 种英译名虽在字面上与“连浇炉数”具有相似性，但它们既未经过英语民族的约定俗成，又不是在译语专业文献中用以指称“连浇炉数”概念的真实使用的专业术语，故显系误译。

表 5-12　连铸坯“表面纵裂纹”翻译实例与误译分析

第一步	查阅专业文献，确定连铸坯“表面纵裂纹”的概念内涵：结晶器内冷却强度不均匀导致初生坯壳厚度不均匀，在坯壳薄的地方出现应力集中，当应力超过坯壳抗拉强度时即产生“表面纵裂纹”。“表面纵裂纹”是严重影响连铸坯质量的主要缺陷之一。
第二步	确认连铸坯“表面纵裂纹”为有译语对应词的原语术语，适于采用“找译译法”进行翻译：连铸技术起源于英美等国，“表面纵裂纹”是连铸坯常见的主要缺陷之一，故指称连铸坯“表面纵裂纹”的英语对应词必然早已存在于英美连铸专业文献中。由此判断，连铸坯“表面纵裂纹”明显是有译语对应词的原语术语，适于采用“找译译法”进行翻译。
第三步	采用“找译译法”之“专业判定法”，依据连铸坯“表面纵裂纹”概念内涵，从英文原版专业文献中找出 3 句含有连铸坯“表面纵裂纹”英文对应词的例句： （1）<u>Longitudinal facial cracks</u> have been reported by Wigman and Millett to be strongly correlated to the sulfur content of the steel. (2,94,11,36) （2）Last month, we began a discussion on mold flux related defects by focusing on the surface defects of <u>longitudinal face cracks</u>. (2,96,2,59) （3）Shallow, <u>longitudinal surface cracks</u> sometimes form on the hotface surface near the meniscus and exhibit intergranular creep fracture. (2,98,10,142) 从以上含有“表面纵裂纹”英文对应词的英文原版例句中可以看出：“表面纵裂纹”准确、通用的英文对应词应为 longitudinal facial crack、longitudinal face crack 或 longitudinal surface crack。
误译实例分析	依据第二步的分析，“表面纵裂纹”为有译语对应词的原语术语，本应采用“找译译法”进行翻译，然而，我国一些连铸专业论文的英文摘要甚至论文标题英译文却采用“现有译法”将其中的“表面纵裂纹”翻译成了 surface longitudinal cracking。一些网络在线翻译软件采用“现有译法”将“表面纵裂纹”翻译成了 surface longitudinal crack 或 longitudinal crack on surface。 尽管上述 3 例英译名在字面上与“表面纵裂纹”具有较高的相似性，但由于这些英译名是按照汉语民族的思维模式和用词习惯，采用“现有译法”生造出来的，它既未经过英语民族的约定俗成，又不是英语专业文献中真实使用的专业术语，故显系误译。

表 5-13　结晶器“振幅”翻译实例与误译分析

第一步	查阅专业文献，确定结晶器“振幅”的概念内涵：结晶器振动时从最高位置下降到最低位置或从最低位置上升到最高位置所移动的距离称为结晶器“振幅”。结晶器“振幅”是结晶器振动的主要参数之一。
第二步	确认结晶器“振幅”为有译语对应词的原语术语，适于采用“找译译法”进行翻译：结晶器振动技术起源于英美等国，结晶器“振幅”是结晶器振动的主要参数之一。故用于指称结晶器“振幅”的英语对应词必然早已存在于英美连铸专业文献中。由此判断，结晶器“振幅”为有译语对应词的原语术语，适于采用“找译译法”进行翻译。
第三步	采用“找译译法”之“专业判定法”，依据结晶器“振幅”的概念内涵，从英文原版专业文献找出 4 句含有结晶器“振幅”英文对应词的例句： （1）<u>Stroke</u> (total distance mold moves in one direction) (1,96,7,29) （2）The effects of <u>oscillation stroke</u> and steel grade on powder consumption per unit time Qo were next examined: the results are shown in Fig.5. The mold powder is different for each steel grade. The effect of steel grade includes the effect of powder properties. Powder consumption per unit time Qo increases with increasing <u>oscillation stroke</u>. (10,02,3,201)

续表

第三步	（3）The meniscus mark depth varied as a function of the steel carbon content, the casting speed, the oscillation frequency, the stroke length, and the mold powder chemistry. Casting speed had the largest effect on mark depth, with mark depth increasing as casting speed decreased. Mark depth was also decreased by increased oscillation frequency and reduced stroke length. (8,358) （4）Operation of the oscillator was the same as that used at Kangwon, including a stroke of 10 mm being used on the billet size and a stroke of 5 mm being used on the bloom. (2,02,2,34) 从以上含有结晶器“振幅”英文对应词的英文原版例句中可以看出：结晶器“振幅”准确、通用的英文对应词应为 stroke 如第（1）例和第（4）例、oscillation stroke 如第（2）例和 stroke length 如第（3）例。
误译实例分析	依据第二步的分析，结晶器“振幅”为有译语对应词的原语术语，本应采用“找译译法”进行翻译。然而，我国一些连铸专业论文的英文摘要甚至论文标题的英译文却采用“现有译法”，将结晶器“振幅”翻译成了 amplitude。现有的汉英词典中“振幅”词条的英文对应词仅收录了 amplitude，而没收录 stroke、oscillation stroke、stroke length，尽管使用 amplitude 来表述结晶器“振幅”这一专业概念符合汉语民族的思维模式和用词习惯，但由于既未经过英语民族的约定俗成，又不是英语专业文献中真实使用的专业术语，故将结晶器“振幅”翻译成 amplitude 显系误译。

表 5-14　高炉“喷煤比”翻译实例与误译分析

第一步	查阅专业文献，确定“喷煤比”的概念内涵：高炉喷煤是高炉炼铁系统结构优化的中心环节和高炉炼铁技术发展的重要方向。“喷煤比”指的是高炉冶炼每吨生铁所喷入高炉煤的数量，单位为 kg/t，它是高炉重要的经济技术指标之一。
第二步	确认“喷煤比”为有译语对应词的原语术语，适于采用“找译译法”进行翻译：高炉喷煤技术早在 20 世纪 80 年代已广泛应用于我国和英美等国的炼铁生产中。故作为高炉重要经济技术指标的“喷煤比”的英语对应词必然早已存在于英美炼铁专业文献中。由此判断，“喷煤比”为有译语对应词的原语术语，适于采用“找译译法”进行翻译。
第三步	采用“找译译法”之“专业判定法”，依据“喷煤比”的专业概念内涵，从英文原版炼铁专业文献中找出 3 例含有“喷煤比”英文对应词的例句： （1）The coal injection rate at the Schwelgern furnace was initially around 130 kg/t of hot metal, while at blast furnace No.6 at Ruhrort the rate was around 110 kg/t of metal. (2,90,8,27) （2）Low volatile coal is desirable for a maximum coal injection rate, replacement ratio and productivity; this is consistent with the theoretical consideration. (2,89,9,40) （3）This coal injection rate would replace 100 million gallons of oil per year and almost 700,000 net tons of coke per year, which is the combined equivalent of 1.1 million net tons of coke per year. (2,94,12,16) 从以上英文原版例句中可以看出，高炉“喷煤比”准确、通用的英文对应词应是 coal injection rate。
误译实例分析	依据上述第一步所做的背景介绍可知，高炉喷煤是高炉炼铁系统结构优化的中心环节和高炉炼铁技术发展的重要方向，高炉“喷煤比”是高炉的重要经济技术指标之一。然而我国某些汉英综合词典却漏收了“喷煤比”这一重要词条。 依据上述第二步的分析，高炉“喷煤比”为有译语对应词的原语术语，本应采用“找译译法”进行翻译。然而，我国诸多炼铁专业论文的英文摘要却采用“现有译法”将“喷煤比”误译成了 coal injection ratio；一些网络在线翻译软件亦采用“现有译法”将“喷煤比”误译成了 coal injection ratio。 coal injection rate 和 coal injection ratio 虽一词之差，但 coal injection rate 是经过英语民族约定俗成且在英语专业文献中真实使用的用于指称“喷煤比”的专业术语，故为正译；而 coal injection ratio 则是采用“现有译法”按照汉语民族的思维模式生造出来的，它既未经过英语民族的约定俗成，又不是英语专业文献中真实使用的专业术语，故显系误译。

表 5-15　连铸“保护渣”翻译实例与误译分析

第一步	查阅专业文献，确定连铸“保护渣”概念内涵：连铸“保护渣”指的是连铸过程中添加到结晶器钢水面上的合成渣，是“结晶器保护渣”的简称。其主要功能为防止钢水二次氧化、绝热保温、吸收溶解的夹杂物、在结晶器与铸坯之间形成渣膜润滑铸坯、促进均匀传热等。
第二步	确认“保护渣”为有译语对应词的原语术语，适于采用“找译译法”进行翻译：英美等国将“保护渣”应用于连铸工业规模生产的时间早于我国，故用以指称“保护渣”的英语对应词必然早已存在于英美连铸专业文献中。由此判断，“保护渣”明显是有译语对应词的原语术语，适于采用“找译译法”进行翻译。
第三步	采用“找译译法”之“专业判定法”，依据“保护渣”的专业概念内涵，从大量的英文原版连铸专业文献中找出 5 句含有“保护渣”英文对应词的例句： （1）The infiltrated flux solidifies when it contacts the water-cooled copper mold wall and forms a solid layer. （2）Schematic diagram of the apparatus used to measure the melting rate of mold fluxes. (2,95,7,41) （3）However, in plant trials, they observed that the flux pool depth was very sensitive to T_{liq}, which is a strong indication that the melting rate of a flux depends on its liquidus temperature. (2,95,7,42) （4）Mold powder consumption has been expressed in different forms, such as kg/ton of steel, kg/m^2 and kg/minute. However, the consumption depends upon the size of the cast slab and is proportional to the surface of the strand. Therefore, the amount of powder consumed per unit of surface area (kg/m^2) is most suitable for evaluating the lubrication capability of mold fluxes. (2,95,10,101) （5）A molten flux layer remains against the strand shell, which ensures the lubrication of the strand/mold interface. (2,95,8,41) 从以上含有“保护渣”英文对应词的例句可以看出，“保护渣”准确、通用的英文对应词应为 flux、mold flux、powder 和 mold powder。其中，flux 是 mold flux 的简称，powder 是 mold powder 的简称。在上下文语境明确的情况下，可使用简称。
误译实例分析	依据第二步的分析，“保护渣”为有译语对应词的原语术语，本应采用“找译译法”进行翻译。然而，我国一些汉英专业词典却采用“现有译法”中的直译法或意译法，将连铸“保护渣”误译成了 protecting slag 或 casting powder；一些连铸专业论文的英文摘要甚至论文的标题却采用“现有译法”中的直译法将连铸“保护渣”误译成了 protective slag。由于这些译名是按照汉语民族的思维模式和用词习惯采用“现有译法”生造出来的，既未经过英语民族的约定俗成，又不是英语专业文献中真实使用的专业术语，故显系误译。

表 5-16　“钢坯”翻译实例与误译分析

第一步	查阅专业文献，确定“钢坯”的概念内涵：钢坯是由钢锭轧成或由锻压机锻成的小方坯、大方坯、板坯、圆坯等的统称，亦称半成品。由连铸机生产的连铸坯亦属钢坯。近年来，连铸坯已成为钢坯的主要组成部分。
第二步	确认“钢坯”为有译语对应词的原语术语，适于采用“找译译法”进行翻译：经查阅相关资料，英美等国生产“钢坯”的历史早于我国，故用以指称“钢坯”的英语对应词必然早已存在于英美钢铁专业文献中。由此判断，“钢坯”明显是有译语对应词的原语术语，适于采用“找译译法”进行翻译。
第三步	采用“找译译法”之“专业判定法”，依据“钢坯”的概念内涵，从英文原版专业文献中找出 2 句含有“钢坯”英文对应词的例句：

续表

第三步	（1）Continuous casting is the primary mode of production of semi-finished steel products as it offers tremendous advantages in terms of energy savings, increased yield and higher productivity over the traditional ingot casting process. (2,95,6,49) （2）国际标准 ISO 6929-1987《钢产品定义与分类》对 semi-finished product 的定义是：Products obtained either by rolling or forging of ingots or by continuous casting, and generally intended for conversion into finished products by rolling or forging. 从以上含有"钢坯"英文对应词的例句中可以看出，"钢坯"准确、通用的英文对应词应为 semi-finished steel product，在语境明确的情况下可简称为 semi-finished product。
误译实例分析	依据第二步的分析，"钢坯"为有译语对应词的原语术语，本应采用"找译译法"进行翻译。然而，我国一些汉英专业词典采用"现有译法"，将"钢坯"误译成了 billet 和 billet steel；还有一些词典采用"现有译法"，将"钢坯"误译成了 billet bloom、steel bloom、steel billet、[metall] billet。此外，一些钢铁专业论文的英文摘要，采用"现有译法"将"钢坯"误译成了 billet、steel billet 和 billet steel。 由于上述译名均是按照汉语民族的思维模式和用词习惯采用"现有译法"生造出来的，它既未经过英语民族的约定俗成，又不是英语专业文献中真实使用的用以指称"钢坯"概念的专业术语，故显系误译。

表 5-17　连铸"渣圈"翻译实例与误译分析

第一步	查阅专业文献，确定连铸"渣圈"的概念内涵：在钢水连铸的过程中，液态保护渣在金属弯月面上方的结晶器壁上凝固形成的环状凝固体。
第二步	确认连铸"渣圈"为有译语对应词的原语术语，适于采用"找译译法"进行翻译：连铸结晶器内添加保护渣技术源自英美等国，在金属弯月面上方的结晶器壁上形成"渣圈"的现象在英美钢铁专业文献中早有描述。故用以指称"渣圈"概念的英语对应词必然早已存在于英美钢铁专业文献中。由此判断，"渣圈"是有译语对应词的原语术语，适于采用"找译译法"进行翻译。
第三步	采用"找译译法"之"专业判定法"，依据连铸"渣圈"的概念内涵，从英文原版专业文献找出 4 句含有"渣圈"英文对应词的例句： （1）Molten flux is pumped into the mold/strand gap by the action of the descending mold wall and the attached solid flux rim. (2,95,10,101) （2）If the conditions in that test are representative of strand casting in general, then the applicability of models requiring either a flux rim or a partially frozen convex meniscus shell may need further examination.(1,96,7,35) （3）Also, a rim is formed by flux in contact with the water-cooled copper mold walls at the meniscus level. This rim features all of the different phases, from solid to liquid (i.e., glassy, crystalline and liquid). (2,94,10,55) （4）As illustrated in Figure 7, this theory suggests that if the solid flux rim becomes sufficiently large, a rise in the meniscus level causes contact with the flux rim and results in an obstruction to the infiltration of molten flux. Further, Emi maintains that the flux rim becomes buoyant, separating from the solid film next to the mold wall. (2,94,6,43) 从以上 4 句含有"渣圈"英文对应词的例句中可以看出，连铸专业"渣圈"准确、通用的英文对应词应为 flux rim。在上下文语境明确的情况下，可简称为 rim。
误译实例分析	依据第二步的分析，"渣圈"为有译语对应词的原语术语，本应采用"找译译法"进行翻译。然而，我国一些连铸专业论文的英文摘要，却采用"现有译法"将"渣圈"误译成了 slag ring。尽管英文 slag 有"渣"的意思，ring 有"圈"的意思，但由于 slag ring 是按照汉语民族的思维模式和用词习惯采用"现有译法"生造出来的，既未经过英语民族的约定俗成，又不是英语专业文献中用以指称"渣圈"专业概念的真实使用的专业术语，故显系误译。

表 5-18　连铸“轻压下”翻译实例与误译分析

第一步	查阅专业文献，确定连铸“轻压下”概念内涵：轻压下是指在连铸过程中，对铸坯液相穴的末端进行的轻微压下，要求其既不产生内裂，又能阻止富集硫、磷等元素的钢水因鼓肚或凝固收缩向铸坯中心流动，以有效减轻中心偏析。
第二步	确认连铸“轻压下”为有译语对应词的原语术语，适于采用“找译译法”进行翻译： 依据相关资料介绍，连铸“轻压下”技术早在 20 世纪 80 年代即已运用到英美等国的钢铁工业生产。故用以指称连铸“轻压下”概念的英语对应词必然也早已存在于英美原版钢铁专业文献中。由此判断，连铸“轻压下”是有译语对应词的原语术语，适于采用“找译译法”进行翻译。
第三步	采用“找译译法”之“专业判定法”，依据连铸“轻压下”的概念内涵，从英文原版专业文献找出 6 句含有连铸“轻压下”英文对应词的例句： （1）During the soft reduction the strand is pressed just before the final solidifying to prevent centre-line segregation and porosity. (5,202) （2）In the dynamic mode the location of the soft reduction area, which is moved according to the casting conditions, is adjusted by the roll gap control system of the segments. (5,202) （3）A mathematical model, called Liquid Pool Control System, takes into account the casting speed, cooling pattern, steel grade and superheat, and calculates the optical position for soft reduction. (1,98,5,63) （4）Dynamic soft reduction trials have been done for micro-alloyed steel grades at the casting thickness 210 mm. The purpose of the trials was to determine the optimal position for the dynamic soft reduction and the effect of reduction amount in the reduction zone on the centre-line segregation. (5,203) （5）Dynamic soft reduction technology leads to a substantial improvement in terms of grain size, solidification structure, centerline segregation and axial porosity, while minimizing the head and tail crop. (1,1998,5,63) （6）Dynamic Soft Reduction and Liquid Pool Control System is fully automated so that the liquid pool length is continuously evaluated according to steel grade, casting speed, and superheat. (6,269) 从以上 6 句含有连铸“轻压下”英文对应词的例句中可以看出，连铸专业“轻压下”准确、通用的英文对应词应为 soft reduction。
误译实例分析	依据第二步的分析，连铸“轻压下”为有译语对应词的原语术语，本应采用“找译译法”进行翻译。然而，我国一些相关专业论文的英文摘要却采用“现有译法”将连铸“轻压下”翻译成了 light reduction、under light press 等；一些书籍采用“现有译法”将连铸“轻压下”翻译成了 soft press。 尽管连铸“轻压下”的上述英译名 light reduction、under light press 和 soft press 与“轻压下”在字面上具有较高的相似度，但由于它们是按照汉语民族的思维模式和用词习惯采用“现有译法”生造出来的，既未经过英语民族的约定俗成，又不是英语专业文献中用以指称“轻压下”专业概念的真实使用的专业术语，故显系误译。

表 5-19　“颗粒保护渣”翻译实例与误译分析

第一步	查阅专业文献，确定“颗粒保护渣”概念内涵：颗粒保护渣是保护渣的一种类型，呈颗粒状，与粉状保护渣相比，使用时环境污染较轻。
第二步	确认“颗粒保护渣”为有译语对应词的原语术语，适于采用“找译译法”进行翻译：据相关文献介绍，“颗粒保护渣”在英美等国的连铸生产中早已投入工业应用，故“颗粒保护渣”的英文对应词必然也早已存在于英文钢铁工业专业文献中。由此判断，“颗粒保护渣”是有译语对应词的原语术语，适于采用“找译译法”进行翻译。

续表

第三步	采用“找译译法”之“专业判定法”，依据“颗粒保护渣”的概念内涵，从英文钢铁专业技术文献中找出 3 句含有“颗粒保护渣”英文对应词的例句： （1）The granulated fluxes were found to melt in a layer-by-layer fashion,consisting of the granules, a sintered layer a semimolten layer and the molten flux. (2,95,6,43) （2）Ogibayashi et al. investigated the melting behavior of 15 prefused-type granulated powders with viscisities varying from 0.5 to 3.8 poise and vitrification ratios between 25 and 90 percent. (2,95,6,43) （3）The automatic granulated flux feeding in the mould “DAOSOL”, with automatic control of the thickness of its layer over the meniscus: this technique, developed by SOLLAS, is licensed by SACILOR-TECHNICONSEIL. (8,402) 从以上 3 句含有“颗粒保护渣”英文对应词的例句可以看出，“颗粒保护渣”准确、通用的英文对应词应为 granulated flux 和 granulated powder。
误译实例分析	依据第二步的分析，“颗粒保护渣”为有译语对应词的原语术语，本应采用“找译译法”进行翻译。然而，我国的一些钢铁专业论文摘要却采用“现有译法”将“颗粒保护渣”误译成了 granular mold powder、granular mold flux、paniculate powder 和 particle powder。由于以上译名是按照汉语民族的思维模式和用词习惯采用“现有译法”生造出来的，它既未经过英语民族的约定俗成，又不是英语专业文献中用以指称“颗粒保护渣”专业概念的真实使用的专业术语，故显系误译。

表 5-20 “钢包回转台”翻译实例与误译分析

第一步	查阅专业文献，确定“钢包回转台”概念内涵：钢包回转台是设在连铸机浇注位置上方用于运载钢包过跨和支承钢包进行浇注的设备，由底座、回转臂、驱动装置、回转支撑、事故驱动控制系统、润滑系统和锚固件组成。钢包回转台能迅速、精确地实现钢包的快速交换，只要旋转半周就能将钢包更换到位；同时在等待与浇注过程中支承钢包，不占用有关起重机的作业时间。
第二步	确认“钢包回转台”为有译语对应词的原语术语，适于采用“找译译法”翻译：无论在英美等国，还是在中国，“钢包回转台”的工业应用至少已有 40 余年的历史。故用以指称“钢包回转台”概念的英语对应词必然早已存在于英美钢铁专业文献中。由此判断，“钢包回转台”是有译语对应词的原语术语，适于采用“找译译法”进行翻译。
第三步	采用“找译译法”之“专业判定法”，依据“钢包回转台”的概念内涵，从英文原版专业文献中找出 2 句含有“钢包回转台”英文对应词的例句： （1）In Sept.1983, the caster ladle turret was modified following redesign to increase the life of its two slew ring bearings. (1,85,9,13) （2）Each arm of the turret has load cells for weight indication, and is equipped with hydraulic lift. (6,267) 从以上 2 句含有“钢包回转台”英文对应词的例句可以看出，“钢包回转台”准确、通用的英文对应词应为 ladle turret，在上下文意思明确的情况下，可简称为 turret。
误译实例分析	依据第二步的分析，“钢包回转台”为有译语对应词的原语术语，本应采用“找译译法”进行翻译，然而，我国一些连铸专业论文的英文摘要，却采用“现有译法”将“钢包回转台”误译成了 steel ladle revolving table、ladle swing tower 和 ladle turntable。由于以上译名是按照汉语民族的思维模式和用词习惯采用“现有译法”生造出来的，它既未经过英语民族的约定俗成，又不是英语专业文献中用以指称“钢包回转台”专业概念的真实使用的专业术语，故显系误译。

表 5-21　“钢水”翻译实例与误译分析

第一步	查阅专业文献，确定“钢水”概念内涵：钢水即液态的钢。钢水的液相线温度约为 1600℃，视成分不同而有所波动。
第二步	确认“钢水”为有译语对应词的原语术语，适于采用“找译译法”翻译：无论是在英美等国还是在中国的冶金史上，指称“钢水”概念的英文术语和中文术语都早已出现。故用以指称“钢水”概念的英语对应词必然早已存在于英美钢铁专业文献中。由此判断，“钢水”是有译语对应词的原语术语，适于采用“找译译法”进行翻译。
第三步	采用“找译译法”之“专业判定法”，依据“钢水”的概念内涵，从英文原版钢铁专业文献中找出 8 句含有“钢水”英文对应词的例句： （1）To gain complete temperature control in the steelmaking/casting process, there must be methods of increasing temperature as well as methods of decreasing the temperature of liquid steel at a rate greater than its natural tendency to cool. (2,90,1,30) （2）The superheat of molten steel in the tundish is between 20℃ and 80℃ (36℉ and 144℉). (8,464) （3）Maximum casting speed patterns based on steel superheat, steel grade and casting conditions. (6,44) （4）Steel flow velocity at the meniscus level was measured by immersing a cylindrical refractory body into the steel. (1,96,7,25) （5）The steel oxygen content prior to tapping. (2,95,6,22) （6）Initially the tundish was an intermediate distributor of steel between ladle and mold. (8,17) （7）Fig. 2 shows steel temperature profiles in the tundish with and without a PTH system. (4,98,5,CC2) （8）The general conclusion of investigations on high carbon steels is that the optimum steel superheat in practice is between 10-15℃. (3,98,9,CC3) 从以上 8 句含有“钢水”英文对应词的原版例句可以看出，“钢水”准确、通用的英文对应词应为 liquid steel 见例句（1）和 molten steel 见例句（2）。在上下文意思明确的情况下，可简称为 steel 见例句（3）至例句（8）。
误译实例分析	依据第二步的分析，“钢水”为有译语对应词的原语术语，本应采用“找译译法”进行翻译，然而，我国一些钢铁专业论文的英文摘要，却采用“现有译法”将“钢水”误译成了 steel liquid、melting steel 和 hot steel 等。一些汉英词典在“钢水”词条中收录了误译译名 liquid [hot] metal，作为其正式译名。由于以上译名是按照汉语民族的思维模式和用词习惯采用“现有译法”生造出来的，既未经过英语民族的约定俗成，又不是英语专业文献中真实使用的专业术语，故显系误译。 steel 在综合英汉科技词典或冶金专业英汉词典中的释义不外是“钢，钢铁、钢铁制品”等。未见有英汉词典将其释义为“钢水、钢液”的。然而在例句（3）至例句（8）中，steel 却被作为汉语“钢水”的对应词。究其原因，皆因受例句中的语境影响。词本无义，义随文生。在一定的语境条件下，特别是在英文原版炼钢、连铸专业文献中，单个的 steel 常常可作“钢水、钢液”解。因此，在翻译中如遇到 steel，务必格外慎重，根据专业知识和必要的逻辑分析，确定 steel 的具体含义。以下仅以例句（4）、（5）、（7）为例，分析 steel 前虽无 liquid 或 molten，但其含义仍为“钢水”的语境依据。 （4）原文：Steel flow velocity at the meniscus level was measured by immersing a cylindrical refractory body into the steel. 译文：测定金属弯月面处的钢水流速可以通过将一个圆柱形耐火材料块插入钢水中的方法进行。 简析：英文原文中出现了两次 steel，一次是 steel flow velocity，如若不是“钢水”，何来后面的 flow velocity（流速）？另一次是“将一个圆柱形耐火材料块插入”steel 中，如若不是“钢水”，这里的 steel 怎能被插入？ （5）原文：The steel oxygen content prior to tapping. 译文：出钢前钢水含氧量。 简析：本例中 steel 作为“钢水”解的情况更为明显，出钢前的 steel 更是“钢水”无疑。

续表

误译实例分析	（7）原文：Fig. 2 shows steel temperature profiles in the tundish with and without a PTH system. 译文：图 2 给出了有无中间包等离子体加热装置的中间包钢水温度曲线。 简析：英文原文中的 steel 前虽无 liquid 或 molten，但其所指的是中间包内的 steel 温度曲线，而根据钢铁专业常识，中间包内的 steel 不会是固体钢，只能是"钢水"。 基于以上分析，在将汉语"钢水"翻译成英文时，译者应务必通览译文中的上下文，只要能借助语境将译文中的 steel 判定为"钢水"，其前就不必加 liquid、molten 等修饰语；否则，虽达其义，但以英语为母语的人士读起来就会感到行文拖泥带水，表达有违地道。

表 5-22 "热压块铁"翻译实例与误译分析

第一步	查阅专业文献，确定"热压块铁"概念内涵：首先以铁矿粉为原料，采用直接还原技术生产出海绵铁，然后经热压成型，所获得的终产品即为热压块铁。它具有纯度高、杂质含量低、粉化率低、便于运输和存放等优点。热压块铁亦称热压铁块、热压块。
第二步	确认"热压块铁"为有译语对应词的原语术语，适于采用"找译译法"翻译，无论是在英美等国，还是在中国，"热压块铁"早在 30 年前即已投入工业规模生产。故用以指称"热压块铁"概念的英语对应词必然早已存在于英美钢铁专业文献中。由此判断，"热压块铁"为有译语对应词的原语术语，适于采用"找译译法"进行翻译。
第三步	采用"找译译法"之"专业判定法"，依据"热压块铁"概念内涵，从英文原版专业文献找出 4 句含有"热压块铁"英文对应词和其英文缩写词的例句： （1）Data obtained from operating the furnace with hot briquetted iron (HBI) has indicated a-34 kg coke/100 kg HBI (-34 lbs coke/100 lbs HBI) effect on the fuel rate (Figure 7). (2,94,7,35) （2）The term DRI commonly is used to refer to pellets while hot briquetted iron (HBI) refers to the briquette form. (2,98,10,121) （3）Siderurgica Venezolana, S.A. (SIVENSA) and a consortium comprised of Midrex Corporation of Charlotte, NC, and Voest-Alpine AG of Linz, Austria, have announced the signing of a letter of intent for the construction of a Midrex direct reduction plant that will produce 400,000 metric tons per year of hot briquetted iron. (2,87,5,12) （4）For merchant DR plants, the HYL Ⅲ Process can be configured to produce highly metallized hot briquetted iron (HBI). (2,94,5,33) 从以上 4 句含有"热压块铁"英文对应词和其英文缩写词的例句中可以看出，"热压块铁"准确、通用的英文对应词应为 hot briquetted iron，其缩写词为 HBI。
误译实例分析	依据第二步的分析，"热压块铁"为有译语对应词的原语术语，本应采用"找译译法"进行翻译，而一些网络翻译软件采用"现有译法"将其误译成了 hot pressed iron 或 hot pressed block iron。由于以上译名是按照汉语民族的思维模式和用词习惯采用"现有译法"生造出来的，既未经过英语民族的约定俗成，又不是英语专业文献中用以指称"热压块铁"专业概念的真实使用的专业术语，故均为误译。

表 5-23 "钻石型结晶器"翻译实例与误译分析

第一步	查阅专业文献，确定"钻石型结晶器"概念内涵：钻石型结晶器是奥钢联（VAI）公司基于结晶器内钢水凝固过程的热力学模型、连铸坯壳温度以及铜质结晶器热膨胀性能而设计的一种高效方坯连铸结晶器。
第二步	确认"钻石型结晶器"为有译语对应词的原语术语，适于采用"找译译法"翻译：据相关资料介绍，"钻石型结晶器"是一款性能优良的方坯结晶器，其设计、使用与见诸国外媒体已有 20 余年的历史。故用以指称"钻石型结晶器"概念的英语对应词也必然早已存在于英美钢铁专业文献中。由此判断，"钻石型结晶器"是有译语对应词的原语术语，适于采用"找译译法"进行翻译。

续表

第三步	采用“找译译法”之“专业判定法”，依据“钻石型结晶器”概念内涵，从英文原版专业文献找出 4 句含有“钻石型结晶器”英文对应词的例句： （1）The DIAMOLD design gives a uniform and optimized heat transfer from the steel shell to the copper mold in order to ensure the formation of a uniform steel shell thickness over the whole circumference. (6,81) （2）In the Diamold design, the entire mold face and corner area of the upper part of mold is provided with a strong taper whereas the corners in the lower part of the mold do not have any taper. (5,271) （3）The Diamold mould tapers to improve contact between the solidifying metal shell and the mould wall to improve heat removal rates. (3,96,7,270) （4）Mold conversion kits including high speed DIAMOLD for the billet caster. (6,79) 从以上 4 句含有“钻石型结晶器”英文对应词的例句中可以看出，“钻石型结晶器”准确、通用的英文对应词应为大写 DIAMOLD 如第（1）和第（4）例或 Diamold 如第（2）例；偶尔也有使用 Diamold mould 如第（3）例来指称“钻石型结晶器”的。
误译实例分析	依据第二步的分析，“钻石型结晶器”为有译语对应词的原语术语，本应采用“找译译法”进行翻译，但我国一些汉英冶金类词典中虽收录了 5 条含有“钻石型结晶器”的词条，其中 4 条出现了将其翻译成 diamond mold 的误译现象。一些网络翻译软件采用“现有译法”将其翻译成了 Diamond mo(u)ld。尽管该译名在字面上与“钻石型结晶器”高度一致，但由于它们是按照汉语民族的思维模式和用词习惯采用“现有译法”生造出来的，既未经过英语民族的约定俗成，又不是英语专业文献中用以指称“钻石型结晶器”专业概念的真实使用的专业术语，故为误译。

表 5-24 “坯壳焊合”翻译实例与误译分析

第一步	查阅专业文献，确定“坯壳焊合”概念内涵：连铸坯壳在结晶器内因黏结而被拉断后，在结晶器下振速度等于或大于拉坯速度的条件下，拉断的坯壳重新连接起来叫坯壳焊合。
第二步	确认“坯壳焊合”为有译语对应词的原语术语，适于采用“找译译法”进行翻译：据相关资料介绍，“坯壳焊合”概念早在 40 年前即出现在英美钢铁专业文献中。故用以指称“坯壳焊合”概念的英语对应词也必然早已存在于英美钢铁专业文献中。由此判断，“坯壳焊合”是有译语对应词的原语术语，适于采用“找译译法”进行翻译。
第三步	采用“找译译法”之“专业判定法”，依据“坯壳焊合”概念内涵，从英文原版专业文献找出 2 句含有“坯壳焊合”英文对应词的例句： （1）The beginning of recovery or the catch of a sticker is that time at which shell healing starts (the stuck part of the shell successfully welds to the shell's moving part) and the stuck shell is freed from the mold wall. (2,89,11,28) （2）Unfortunately, the Savage model included a tearing and healing action at the junction between upward-moving solid and the downward-moving strand. Although the tear and heal mechanism was referred to for many years, it has been abandoned because metallographic examination of as-cast surface have revealed no evidence of tearing. (1,96,7,34) 从以上 2 句含有“坯壳焊合”英文对应词的例句中可以看出，“坯壳焊合”准确通用的英文对应词应为 shell healing；在上下文语境明确的情况下，可简称为 healing 或 heal。
误译实例分析	“坯壳焊合”并非新词，亦非钢铁工业的罕见术语，但我国诸多汉英词典和冶金工具书中却均未将其收录，一些词典虽收录有“焊合”词条，但给出的译名 welding-on、filling in、sticking 和 seaming 均为焊接专业术语，与连铸专业“坯壳焊合”毫无关系。 依据第二步的分析，“坯壳焊合”为有译语对应词的原语术语，本应采用“找译译法”进行翻译，而一些网络翻译软件采用“现有译法”将其分别翻译成了 shell welding、welding of billet shell 或 shell welded。由于以上译名是按照汉语民族的思维模式和用词习惯采用“现有译法”生造出来的，既未经过英语民族的约定俗成，又不是英语专业文献中用以指称“坯壳焊合”专业概念的真实使用的专业术语，故均为误译。

表 5-25　“溅渣护炉”翻译实例与误译分析

第一步	查阅专业文献，确定“溅渣护炉”概念内涵：溅渣护炉是指转炉出钢后，在炉内留有部分氧化镁含量达到饱和或过饱和的高熔点炉渣，然后通过喷枪，用高速氮气射流冲击留在炉内的熔渣将其溅起，在炉衬表面形成一层高熔点的溅渣层，达到保护炉衬、提高炉龄、降低成本的目的。
第二步	确认“溅渣护炉”为有译语对应词的原语术语，适于采用“找译译法”进行翻译，据相关资料介绍，美国早在 20 世纪 80 年代即将“溅渣护炉”技术运用到转炉生产中。故用以指称“溅渣护炉”概念的英语对应词也必然早已存在于美国钢铁专业文献中。由此判断，“溅渣护炉”是有译语对应词的原语术语，适于采用“找译译法”进行翻译。
第三步	采用“找译译法”之“专业判定法”，依据“溅渣护炉”概念内涵，从英文原版专业文献中找出 6 句含有“溅渣护炉”英文对应词的例句： （1）Slag splashing techniques have been adopted extending refractory life to over 19,000 heats for some steelmakers. (1,98,4,84) （2）This can be easily seen during the Slag Splashing process and was confirmed by Garg and Peaslee with physical Modeling Studies. (5,256) （3）LTV’s Indiana Harbor Works has increased BOF campaign life and substantial reductions in refractory costs by using slag coating and slag splashing technology. (2,95,6,31) （4）Since it is difficult to observe and study the slag splashing process in an actual BOF because of the high temperatures and violent conditions, room temperature modeling has been used to study splashing parameters. (2,98,7,58) （5）This could lead to designing a special slag splashing lance with fewer nozzles at smaller nozzle angles operated at a low lance height for selectively splashing the trunnion area. (2,98,7,63) （6）In Acesita Slag Splashing nitrogen blow is controlled by on/off valves. (5,256) 从以上 6 句含有“溅渣护炉”英文对应词的例句中可以看出，“溅渣护炉”准确、通用的英文对应词应为 slag splashing。
误译实例分析	依据第二步的分析，“溅渣护炉”为有译语对应词的原语术语，本应采用“找译译法”进行翻译。然而，我国一些汉英词典采用“现有译法”将“溅渣护炉”翻译成了 slag splashing for protection of converter 或 lining protection by slag splashing。一些炼钢专业论文的英文摘要采用“现有译法”将“溅渣护炉”翻译成了 lining protection by slag splashing、slag splashing for furnace maintenance、protection of converter lining by slag splashing、splashing slag furnace protecting 和 splash slag converter protecting 等。由于以上译名是按照汉语民族的思维模式和用词习惯采用“现有译法”生造出来的，既未经过英语民族的约定俗成，又不是英语专业文献中真实使用的专业术语，故显系误译。 值得注意的是：英文中表示“溅”的词虽有多个，但作为炼钢专业术语“溅渣护炉”中的“溅”字，其英文具有固定的用词 splashing，不能随意用其同义词替换；同时，在英文原版专业文献中，尽管 slag splashing 在字面上与汉语“溅渣护炉”并不完全对应，但此为英语约定俗成使然，作为一个约定性符号，其技术内涵则与“溅渣护炉”完全等同。如额外再添上 lining protection 之类，则实为画蛇添足。

表 5-26　“过热度”翻译实例与误译分析

第一步	查阅专业文献，确定“过热度”概念内涵：在钢铁冶金专业中“过热度”指的是合金液的实际温度与其熔点的差值。
第二步	确认“过热度”为有译语对应词的原语术语，适于采用“找译译法”进行翻译：在英美等国的钢铁冶炼领域，“过热度”是一个早已存在的基本概念。故用以指称“过热度”概念的英语对应词必然也早已存在于英美钢铁专业文献中。由此判断，“过热度”是有译语对应词的原语术语，适于采用“找译译法”进行翻译。

续表

第三步	采用“找译译法”之“专业判定法”，依据“过热度”概念内涵，从英文原版专业文献中找出3句含有“过热度”英文对应词的例句： （1）The superheat of molten steel in the tundish is between 20℃ and 80℃ (36℉ and 144℉). (8,464) （2）The steel superheat is then controlled around the aim temperature in the tundish, throughout the heat or sequence, by appropriate external thermal energy compensation provided by the plasma heating system. (4,98,5,CC2) （3）The general conclusion of investigations on high carbon steels is that the optimum steel superheat in practice is between 10-15℃. (3,98,9,CC3) 从以上3句含有“过热度”英文对应词的例句中可以看出，“过热度”准确、通用的英文对应词应为superheat。
误译实例分析	依据第二步的分析，“过热度”为有译语对应词的原语术语，本应采用“找译译法”进行翻译。然而，我国一些钢铁专业论文的英文摘要却采用“现有译法”将“过热度”误译成了overheating degree、degree of superheat、temperature of superheat和superheat degree。一些冶金工具书和汉英专业词典采用“现有译法”，将“过热度”误译成了degree of superheat。由于上述译名均是按照汉语民族的思维模式和用词习惯采用“现有译法”生造出来的，它既未经过英语民族的约定俗成，又不是英语钢铁专业文献中用以指称“过热度”专业概念的真实使用的专业术语，故显系误译。

表5-27 “煤焦置换比”翻译实例与误译分析

第一步	查阅专业文献，确定“煤焦置换比”概念内涵：“煤焦置换比”指的是高炉喷煤时，喷进高炉每公斤煤置换的焦炭公斤数。按喷吹煤中碳、氢元素的含量，并分析其在高炉内参加还原过程应代替的焦炭量计算的，称为“理论煤焦置换比”；按高炉冶炼过程中煤实际取代的焦炭量计算的，称为“实际煤焦置换比”。高炉喷煤对现代高炉炼铁技术来说是具有革命性的重大措施。它以价格低廉的煤部分置换价格昂贵而日趋匮乏的冶金焦炭，使高炉炼铁焦比降低，生铁成本下降。
第二步	确认“煤焦置换比”为有译语对应词的原语术语，适于采用“找译译法”进行翻译：无论是英美等国，还是中国，早在20世纪90年代即已采用了高炉喷煤技术，并将“煤焦置换比”作为高炉喷煤的主要经济技术指标之一。故用以指称“煤焦置换比”概念的中、英文术语必然也早已存在于英汉两种语言的钢铁专业文献中。由此判断，“煤焦置换比”是有译语对应词的原语术语，适于采用“找译译法”进行翻译。
第三步	采用“找译译法”之“专业判定法”，依据“煤焦置换比”概念内涵，从英文原版专业文献中找出4句含有“煤焦置换比”英文对应词的例句： （1）The overall replacement ratio of coke to coal was 0.80. (2,94,11,68) （2）Coke/Coal Replacement Ratio (2,95,4,49) （3）As a result, significant decreases in coke rates are projected, with coke-to-coal replacement ratios ranging from 0.86 to 0.93. (2,95,4,50) （4）The highest monthly average PCI rate demonstrated was 94 kg/metric ton (187 lb/NT) of hot metal with a replacement ratio of 0.9. (2,94,11,68) 从以上4句含有“煤焦置换比”英文对应词的例句中可以看出，“煤焦置换比”准确、通用的英文对应词应为coke/coal replacement ratio如例（2）、coke-to-coal replacement ratio如例（3）或replacement ratio of coke to coal如例（1）。在上下文意思明确的情况下，可简略为replacement ratio如例（4）。
误译实例分析	依据第二步的分析，“煤焦置换比”为有译语对应词的原语术语，本应采用“找译译法”进行翻译，然而，我国有的钢铁专业论文的英文摘要却采用“现有译法”将“煤焦置换比”误译成了pulverized coal for coke substitution rate，甚至这样的误译出现在了钢铁专业论文的标题英译文中。有的汉英冶金词典采用“现有译法”将“煤焦置换比”翻译成了coal-to-coke replacement ratio，而一些网络翻译软件采用“现有译法”将“煤焦置换比”

续表

误译实例分析	翻译成了 coal-to-coke replacement ratio、Char replacement ratio、coal to coke replacement 或 coal-coke replacement ratio 等。 由于上述译名均是按照汉语民族的思维模式和用词习惯采用“现有译法”生造出来的，它既未经过英语民族的约定俗成，又不是英语钢铁专业文献中用以指称“煤焦置换比”专业概念的真实使用的专业术语，故应判为误译。 综观以上误译，其中采用“现有译法”将“煤焦置换比”误译成 coal-to-coke replacement ratio 的案例最为典型，也最具欺骗性。从字面上看，将“煤”和“焦”分别翻译成 coal 和 coke 可谓铢两悉称；从词序上看，将 coal 置前，将 coke 置后，可谓保持“原语术语”词序不变；从用词精准来看，将“置换比”翻译成 replacement ratio 可谓丝丝入扣。尤其是在 coal 和 coke 之间镶嵌入介词 to，则更加在字面上凸显了“煤”和“焦”之“比”的专业内涵。但殊不知，术语翻译所追求的并非两种语言的字面对等，而应是概念内涵的相同。就原语术语“煤焦置换比”的英文对应词而言，务必正确反映出“煤焦置换比”中所表达的“煤”和“焦”之间的置换和被置换的关系，尤其不能将这种关系颠倒。按照本例第一步中所确定的“煤焦置换比”内涵，“煤焦置换比”指的是高炉喷煤时，喷进高炉每公斤煤所置换的焦炭公斤数。由此判断，“煤”应为“置换物”，“焦”应为“被置换物”，故“煤焦置换比”务必用“煤”所置换的“焦”的公斤数除以喷进高炉的“煤”的公斤数，即“焦”应为分子，“煤”应为分母。然而反观一下 coal-to-coke replacement ratio，由于其中的英文介词 to 相当于除号或分数线，如此翻译，coal（煤）成了分子，coke（焦）成了分母，意思就变成了用喷进高炉“煤”的公斤数除以煤所置换的“焦”的公斤数。故英文 coal-to-coke replacement ratio 的概念内涵与中文“煤焦置换比”的概念内涵正好相反。因此，从二者概念内涵的角度加以分析，用 coal-to-coke replacement ratio 作为“煤焦置换比”的英文对应词，显然应判为误译。

表 5-28　“脱碳速度”翻译实例与误译分析

第一步	查阅专业文献，确定“脱碳速度”概念内涵：脱碳速度指在炼钢氧化脱碳期，单位时间内氧化脱除的熔池碳含量。脱碳速度受熔池碳含量、供氧强度等因素影响。
第二步	确认“脱碳速度”是有译语对应词的原语术语，适于采用“找译译法”进行翻译，无论是在我国，还是在英美等国，“脱碳速度”都属于炼钢科学研究中早已存在的基本概念。故用以指称“脱碳速度”概念的英语对应词必然也早已存在于英美专业文献中。由此判断，“脱碳速度”是有译语对应词的原语术语，适于采用“找译译法”进行翻译。
第三步	采用“找译译法”之“专业判定法”，依据“脱碳速度”概念内涵，从英文原版专业文献中找出 4 句含有“脱碳速度”英文对应词的例句： （1）Part (a) illustrates the simultaneous correlation between the rate of decarburization and the rate of chromium slagging as afunction of the carbon content of the melt. (2,95,5,46) （2）As seen in part (b) of Figure 9, the carbon content at the critical point was about 0.688 weight percent and the mean value of the decarburization rate was about 0.102 weight percent/minute, with standard deviations of 0.11 and 0.01, respectively. (2,95,5,47) （3）Optimal decarburization temperatures of 1,750℃ could lead to approximately 1.5 percent carbon in the absence of nickel, while less than 1 percent carbon could be expected in the presence of nickel, even when high decarburization rates of about 0.2 percent C/min were employed.(2,88,1,42) （4）The rate of decarburization as a function of oxygen (available from the lance as well as from the ore) must be known to determine the duration of the blow, so that the heat turns down at the desired carbon level. 从以上 4 句含有“脱碳速度”英文对应词的例句中可以看出，“脱碳速度”准确、通用的英文对应词应为 decarburization rate 或 rate of decarburization。
误译实例分析	依据第二步的分析，“脱碳速度”为有译语对应词的原语术语，本应采用“找译译法”进行翻译。然而，我国一些钢铁专业论文的英文摘要，却采用“现有译法”将“脱碳速度”翻译成了 decarburizing speed 和 decarbonisation speed。甚至这样的误译还出现在了

续表

误译实例分析	一些钢铁专业论文的英译标题中。一些网络翻译软件将“脱碳速度”翻译成了 decarburization speed。由于上述译名均是按照汉语民族的思维模式和用词习惯采用“现有译法”生造出来的，它们既未经过英语民族的约定俗成，又不是英语钢铁专业文献中用以指称“脱碳速度”专业概念的真实使用的专业术语，故显系误译。 从英文 speed 的词义角度进行分析，将“脱碳速度”翻译成 decarburizing speed、decarbonisation speed 和 decarburization speed 同样属于误译。依据英文原版词典，speed 指的是“the ratio of the distance covered by a moving point or body to the time, without reference to direction”，即“一个运动点或运动物体在不考虑运动方向的情况下所移动的距离与时间之比”。其单位通常是 m/s、m/min、mph。而就本例“脱碳速度”而言，指的是“单位时间内氧化脱除的熔池碳含量”，与 speed 所指的“所移动的距离与时间之比”毫无关系。故从英文 speed 的词义角度进行分析，将“脱碳速度”翻译成 decarburizing speed、decarbonisation speed 和 decarburization speed 同样亦属误译。

表 5-29 “负滑脱”翻译实例与误译分析

第一步	查阅专业文献，确定“负滑脱”概念内涵：在连铸过程中，当结晶器下振速度大于拉坯速度时，则铸坯相对于结晶器做向上运动，这种运动方式称为负滑脱。
第二步	确认“负滑脱”为有译语对应词的原语术语，适于采用“找译译法”翻译：无论是在英美等国，还是在中国，连铸“负滑脱”概念的产生至少已有 40 余年的历史。故用以指称“负滑脱”概念的英语对应词必然早已存在于英美钢铁专业文献中。由此判断，“负滑脱”是有译语对应词的原语术语，适于采用“找译译法”进行翻译。
第三步	采用“找译译法”之“专业判定法”，依据“负滑脱”概念内涵，从英文原版专业文献中找出 5 句含有“负滑脱”英文对应词的例句： （1）A <u>negative strip</u> condition occurs when the downward velocity of the mold during each cycle exceeds the withdrawal rate of the strand. (1,96,7,29) （2）A more meaningful method of quantifying <u>negative strip</u> is to calculate the negative strip time, NSt. (1,96,7,30) （3）From equation (2) it can be seen that <u>negative strip</u> time will decrease as the casting speed increases, as the stroke length decreases and as the frequency increases. (8,355) （4）The <u>negative strip</u> time (t_n) is defined as the amount of time during the oscillation cycle when the mold travels in the cast direction at a greater velocity than the cast speed. （5）In oscillating with <u>negative strip</u>, the friction alternates from positive (vertical tension on the shell) to negative (vertical compression) during each cycle. 从以上 5 句含有“负滑脱”英文对应词的例句中可以看出，“负滑脱”准确、通用的英文对应词应为 negative strip。
误译实例分析	依据第二步的分析，“负滑脱”为有译语对应词的原语术语，本应采用“找译译法”进行翻译。然而，我国一些钢铁冶金专业论文的英文摘要或汉英冶金专业词典中却采用“现有译法”将“负滑脱”翻译成了 negative slip；一些网络翻译软件，除了将“负滑脱”翻译成 negative slip 外，尚有翻译成 negative slip-off 和 negative slipping 的。 由于以上译名是按照汉语民族的思维模式和用词习惯采用“现有译法”生造出来的，它既未经过英语民族的约定俗成，又不是英语专业文献中用以指称“负滑脱”专业概念的真实使用的专业术语，故显系误译。

表 5-30 “大包下渣”翻译实例与误译分析

第一步	查阅专业文献，确定“大包下渣”概念内涵：大包下渣是指在连铸生产中，在将钢包钢水浇入中间包的同时也将钢包中的渣带入中间包中，亦称钢包下渣。钢包渣进入中间包将直接影响终产品钢材的质量。

续表

第二步	确认“大包下渣”为有译语对应词的原语术语，适于采用“找译译法”进行翻译：无论是在中国，还是在英美等国的钢铁界，从 20 世纪 60 年代开始“大包下渣”一直是一个直接影响钢产品质量的热议话题。故用以指称“大包下渣”概念的英语对应词必然早已存在于英美钢铁专业文献中。由此判断，“大包下渣”是有译语对应词的原语术语，适于采用“找译译法”进行翻译。
第三步	采用“找译译法”之“专业判定法”，依据“大包下渣”概念内涵，从英文原版专业文献中找出 3 句含有“大包下渣”英文对应词的例句： （1）With rapid response from the chemical laboratory, the CaO content is used as the indicator of ladle slag carry-over. (2,90,7,27) （2）Although this procedure consistently detects ladle slag carry-over into the tundish, the effect is addressed rather than the cause. (2,90,7,27) （3）Slab diversion at the caster for ladle slag carry-over into the tundish has been decreased from 1.40 percent to 0.25 percent. (2,90,7,32) 从以上 3 句含有“大包下渣”英文对应词的例句中可以看出，“大包下渣”准确、通用的英文对应词应为 ladle slag carry-over。
误译实例分析	“大包下渣”是钢铁冶炼专业重要的术语之一。然而，我国一些主要的汉英词典中却均未将其收录。 依据第二步的分析，“大包下渣”为有译语对应词的原语术语，本应采用“找译译法”进行翻译，可是我国一些钢铁冶金专业论文的英文摘要甚至英文标题的英译中，却将“大包下渣”翻译成了 ladle slag。一些网络翻译软件采用“现有译法”将“大包下渣”翻译成了 under the bag slag 或 outflow slag at ladle 等。 由于以上译名均是按照汉语民族的思维模式和用词习惯采用“现有译法”生造出来的，它既未经过英语民族的约定俗成，又不是英语专业文献中用以指称“大包下渣”专业概念的真实使用的专业术语，故均为误译。

表 5-31　“结晶器铜板”翻译实例与误译分析

第一步	查阅专业文献，确定“结晶器铜板”概念内涵：结晶器铜板是组合式结晶器的主要构件，用于制造结晶器内壁。其材质主要为铜基合金，常用的有紫铜、铜银合金、磷脱氧铜、铜铍合金以及铬锆铜合金等。
第二步	确认“结晶器铜板”为有译语对应词的原语术语，适于采用“找译译法”进行翻译：“结晶器铜板”作为组合式结晶器的主要构件，早在 20 世纪 60 年代已广泛应用于中国和英美等国的结晶器制造中。故用以指称“结晶器铜板”概念的英语对应词必然早已存在于英美钢铁专业文献中。由此判断，“结晶器铜板”是有译语对应词的原语术语，适于采用“找译译法”进行翻译。
第三步	采用“找译译法”之“专业判定法”，依据“结晶器铜板”概念内涵，从英文原版专业文献中找出 3 句含有“结晶器铜板”英文对应词的例句： （1）The mould is the most critical component of the thin slab caster, because, during casting, the copper mould plates control initial solidification of the steel product, which determines surface quality. (5,9) （2）During continuous casting, the copper mold plates control the shape and initial solidification of the steel product, where quality is either created or lost. (2,98,10,125) （3）Typical results for the evolution of the mechanical behavior of the copper mold plates during the first casting heating and cooling cycle are presented in Figures 11-14, based on Table Ⅱ conditions. (2,98,10,131) 从以上 3 句含有“结晶器铜板”英文对应词的例句中可以看出，“结晶器铜板”准确、通用的英文对应词应为 copper mo(u)ld plate。

续表

误译实例分析	“结晶器铜板”是连续铸钢专业重要的术语之一，早在 20 世纪 60 年代就已广泛应用于中国和英美等国的结晶器制造中。然而，我国一些主要的汉英词典却未将其收录。 依据第二步的分析，“结晶器铜板”为有译语对应词的原语术语，本应采用“找译译法”进行翻译，可是我国一些连续铸钢专业论文的英文摘要甚至英文标题却采用“现有译法”将“结晶器铜板”翻译成了 mold copper board；某些文章采用“现有译法”将“结晶器铜板”翻译成了 mould copper plate；一些网络翻译软件采用“现有译法”将“结晶器铜板”翻译成了 mould copper plate、crystallizer copper plate。 由于以上译名均是按照汉语民族的思维模式、用词和词序习惯采用“现有译法”生造出来的，既未经过英语民族的约定俗成，又不是英语专业文献中用以指称“结晶器铜板”专业概念的真实使用的专业术语，故均应判为误译。

第6章　以“找译译法”为导向，探寻双语术语词典编纂新思路

6.1　引　　言

双语术语词典中的词目指的是词条中被翻译的术语，被称为原（源）语术语，亦被称为出发语术语、输出语术语；双语术语词典中的对应词指的是经过翻译词目得到的、用另一种语言表达的与词目概念相同或相似的术语，被称为译语术语，亦被称为目的语术语、输入语术语。

双语术语词典，即词目为原语术语，释文为与之相对应的译语术语或附之必要的解释或说明等的词典，如现已出版的《英汉数学词典》《俄汉法律常用语词典》《英汉钢铁冶金技术详解词典》《汉英机电大词典》《汉英计算机分类词典》等。这些“词典”的名称中虽未出现“术语”二字，但由于其所收录的全部或绝大部分词条均为专业术语，故应归类于双语术语词典。

双语术语词典的主要功能是将一种语言的原语术语翻译成与之概念内涵等同或近似的另一种语言的译语术语，故双语术语词典亦可称为术语翻译词典。

术语翻译实践证明：“找译译法”适用于在原语术语中占绝大多数的有译语对应词的原语术语翻译，“现有译法”适用于在原语术语中占极少数的无译语对应词的原语术语翻译。将“现有译法”误用于有译语对应词的原语术语翻译是造成目前我国术语误译的主因。

因此，主要用于术语翻译的双语术语词典当然也未能独善其身。由于该类词典所收录的词目大部分是有译语对应词的原语术语，故而诸多词目的误译都直接与将“现有译法”误用到有译语对应词的词目翻译中有关。

6.2 双语术语词典词目翻译现状——“现有译法”致误，“找译译法”匡正

一部双语术语词典的实用性、专业性和科学性，主要体现在词目的翻译质量上。从这一意义上来说，词目的翻译质量好坏是衡量双语术语词典编纂是否成功的一个重要标志。

那么，现已出版的双语术语词典词目的翻译质量如何呢？

尽管“找译译法”的基本理论认为将“现有译法”误用于有译语对应词的原语术语翻译是造成目前我国术语误译的主因；尽管双语词典学告诫我们“术语翻译不纯然是‘翻译’，而主要应是尽可能从译语国度相同学科找出等价的术语”（黄建华、陈楚祥，1997：205）。然而在现已出版的双语术语词典中，将“现有译法”误用到有译语对应词的词目翻译中，从而导致术语误译的实例屡见不鲜，这成为影响双语术语词典编纂质量最为关键的因素之一。

事实胜于雄辩，实例最能说明问题。现仅以一部汉英术语词典中词目翻译采用“现有译法”导致的错误案例，以及另一部汉英术语词典对于相同的词目翻译采用“找译译法”进行匡正的做法为例予以说明。

例 6-1

薄板坯连铸机 thin slab (continuous) caster（明举新，2010）

依照上述词条，“薄板坯连铸机”的英文对应词可以按原语术语词目的词序逐字翻译成 thin slab (continuous) caster。其翻译方法显然是采用了“现有译法”中的直译法。其实这是一种误译。稍懂冶金专业的人都知道，无论是在英美等国，还是在中国，“薄板坯连铸机”早在 20 年前即已投入工业应用，故用以指称“薄板坯连铸机”概念的中、英文术语必定早已存在于中、英文专业文献中。因此，“薄板坯连铸机”正确的翻译方法无疑应是“找译译法”，而绝不是这部词典所采用的“现有译法”。采用“找译译法”编纂的《多功能汉英·英汉钢铁词典》（徐树德、赵予生，2010）给出的“薄板坯连铸机”正确英文对应词为 continuous thin slab caster。请

参看该词典中“薄板坯连铸机”词条对此做出的解释和从英文原版专业文献中找出的含有 continuous thin slab caster 例句：

薄板坯连铸机【连】thin slab caster; continuous thin slab caster; thin slab conti-caster; T.S.C. 可直接浇铸厚度为 20～70mm 薄板坯的连铸机。具有减少投资、节约能耗、简化流程、降低成本、提高质量等一系列优点。已投入工业生产的主要有德国施勒曼-西马格公司研制成功的 CSP 薄板坯连铸技术，亦称紧凑式带钢生产法和德国曼内斯曼-德马克公司研制成功的 ISP 薄板坯连铸技术，亦称在线带钢生产法。【辨析】注意词序。按汉语词序逐字将“薄板坯连铸机”译成 thin slab continuous caster 不符合英文惯常词序。例证：①Acme Metals Inc.'s board of directors has approved the construction of a continuous thin slab caster/hot strip mill complex at the Acme Steel Company's Riverdale, IL, plant. (2,94,8,7) ②Acme Steel is continuing to ramp up its continuous thin slab caster and 7-stand hot strip mill complex in Riverdale, Ⅲ. (1,98,2,22)

例 6-2

方坯（square）billet（明举新，2010）

依照上述词条，“方坯”的英文对应词应是 square billet 或 billet。其中 square billet 的翻译方法显然是采用了“现有译法”中的直译法，即将“方坯”中的“方”字翻译成了 square，将“坯”字翻译成了 billet。其实，无论是 square billet 还是 billet，都只能作“小方坯”解。因此，将“方坯”翻译成（square）billet，不仅翻译方法有误，billet 的词义选取也是错误的。无论是在英美等国，还是在中国，“方坯”的工业生产至少已有 80 年的历史。由此推论，用以指称“方坯”概念的中、英文术语必定早已存在于中、英文专业文献中。因此，对于“方坯”而言，正确的翻译方法无疑是“找译译法”，而绝不是这一词典所采用的“现有译法”。采用“找译译法”编纂的《多功能汉英·英汉钢铁词典》（徐树德、赵予生，2010）给出的“方坯”的正确英文对应词应为 billet and bloom 和 semi-finished product of square cross-section。请参看该词典“方坯”词条对此做出的解释和从英文原版专业文献中找出的相关例句。

方坯【压】semi-finished product of square cross-section；billet and bloom 【辨析】中文“方坯”一词，既包括“小方坯”，又包括“大方坯”；而英文中则没有与中文“方坯”一词相对应的专门术语。简单地将“方坯”与 billet（小方坯）或 bloom（大方坯）等同，是不妥的。在英文中，“方坯”通常可表示为 semi-finished product of square cross-section 或 billet and bloom。前一种表达方式见之于国际标准 ISO 6929-1987，其中明确表示 semi-finished product of square cross-section 既包括 square billet 也包括 square bloom；后一种表达方式在英文原版连铸专业文献中亦可见到，参见例证：①美国钢铁协会（美国钢铁技术协会——笔者注）（The Iron & Steel Society）几乎每一年都公布一次连铸机一览表。在其所公布的 1998 年连铸机一览表（1998 Continuous Caster Roundup）中，美国贝尤钢公司（Bayou Steel Corp.）LaPlace 厂的一台连铸机所产铸坯为尺寸 4×4 至 8×8 英寸方坯。由于这一尺寸范围既包含了小方坯，又包含了大方坯，因而该公司在坯型栏上填写了 bloom 和 billet 两种坯型。②A computer-controlled surface conditioning grinding system has been purchased to grind carbon steel billets and blooms at the Kansas City works.(1,95,2,D-3)。

例 6-3

过热度 degree of superheat，overheating temperature（明举新，2010）

依照上述词条，钢铁冶金专业通用术语“过热度”的英文对应词应是 degree of superheat 和 overheating temperature。其中所采用的翻译方法显然是“现有译法”中的直译法，即将“过热度”中的“过热”翻译成了 superheat 或 overheating，将“度”翻译成了英文 degree 或 temperature。其实，这是一种误译。将钢铁冶金专业中的“过热度”翻译成 degree of superheat，其中的 degree of 纯属画蛇添足，而翻译成 overheating temperature，纯属逐字死译。众所周知，“过热度”是一个在钢铁冶金专业中早已存在的物理学概念，用以指称“过热度”概念的中、英文术语必定早已存在于中、英文钢铁冶金专业文献中。因此，对于“过热度”而言，正确的翻译方法无疑应是“找译译法”，而绝不是该词典所采用的“现有译法”。采用“找译译法”编纂的《多功能汉英·英汉钢铁词典》（徐树德、赵予生，2010）给出的“过热度”的正确英文对应词应为 superheat。尽管从字面上看，superheat 并无“度”之含义，但它却是英文版钢铁冶金专业文献中“过热度”准确、地道的英文对应词。请参看该词典“过热度”词条对此做出的解释和从英文原版专业文献中找出的含有 superheat 的例句：

过热度 superheat 浇注时钢水温度超过液相线温度的值。采用适当的低过热度浇注，可改善铸坯组织结构；但过热度太低，则会使浇注发生困难，并影响铸坯表面质量。【辨析】是钢铁专业的重要基础术语之一。其准确、地道的英语对应词应是 superheat，不可译为 overheat 等。参见例证：①Therefore, the higher superheat will increase the tendency for breakouts. (2,88,4,29) ②The general conclusion of investigations on high carbon steels is that the optimum steel superheat in practice is between 10-15℃. (3,98,9,CC3) ③The steel composition and the superheat is seen in Table Ⅵ. (5,205) ④(a) Loss of mold lubrication due to improper mold slag properties for the casting conditions, erratic metal level control, inadequate mold powder application, mold slag contamination by zirconia or alumina, rapid casting speed increases, or excessively high superheat. (6,43) 以下是钢铁工业常用词组，供参考。低过热度 low superheat / 高过热度 high superheat / 给定的过热度 given superheat / 浇注终点过热度 superheat at end of pouring / 连铸钢水过热度 liquid steel superheat for continuous casting / 目标过热度 aim superheat; target superheat / 中间包钢水过热度 superheat of liquid steel in tundish / 最高过热度 maximum superheat。

以上所举三例有译语对应词的词目翻译，均是词目的译者依据自己的思维定式、用词习惯“创译”出的，无一是译语相应专业文献中约定俗成的真实使用的专业术语，故将其用于学术论文、学术专著翻译中，以译语为母语的读者读起来必然会一脸茫然，不知其义，根本起不到词目对应词在译语专业文献中指称词目概念、传达词目含义之目的，故应判为误译。《多功能汉英·英汉钢铁词典》中采用“找译译法”进行翻译所得到的词目对应词，均是译语相应专业文献中约定俗成的真实使用的专业术语，故将其用于学术论文、学术专著翻译中，以译语为母语的读者读起来必然会驾轻就熟，见词知义，真正起到词目对应词在译语专业文献中指称词目概念、传达词目含义之作用，故应判为正译。

两种翻译方法，便会导致两种翻译结果：“现有译法”致误，“找译译法”匡正。由此观之，将“现有译法”误用到有译语对应词的词目翻译中所导致的误译，是目前影响双语术语词典编纂质量最主要、最现实的因素之一。如何正本清源、拨乱反正，消除“现有译法”在双语术语词典编纂中的消极影响，摒除因误用“现有译法”导致的术语误译现象，确乎应引起术语翻译界和双语术语词典编纂和出版人士的足够重视。

6.3 以“找译译法”为导向，探寻双语术语词典编纂新思路

将“找译译法”用于原语论文、原语专著中的术语翻译，只要依据原语论文、原语专著中原语术语的概念内涵，从译语专业文献中找出与之概念内涵相同或相近的译语术语，并将其用于相应的译语论文或译语专著中，使译语读者在读到相应的译语术语时，其理解与认知能与原语读者在阅读原语论文或原语专著时的理解与认知等同或大体一致，即大功告成。

“找译译法”关照下的双语术语词典的词目翻译则是“找译译法”在词典编纂特定场合下的具体运用。其运作特点、编写规则、目标要求，自然不等同于原语论文、原语专著中的术语翻译。

辞书向来有“无声之师”“无墙之校”之美誉，担负着传播知识、释疑解难之重任。但如果双语术语词典的词目翻译还像将“找译译法”用于原语论文、原语专著中的术语翻译那样，仅找出与之概念内涵相同或相近的译语术语，那么双语术语词典就未尽到传播知识、释疑解难之重任，而达此目的的途径，就是面对现实，解放思想，创新双语术语词典释文编写

思路，增加双语术语词典释文功能，想读者之所想，解决读者迫切需要解决的问题。

就双语术语词典的词目翻译而言，给出词目的对应词，即给出与原语术语概念内涵相同或相近的译语术语，这是双语术语词典词目翻译的题中应有之义。然而仅此还不够，双语术语词典编纂还应坚持在采用“找译译法”给出词目对应词的同时，在释文中增加析误匡谬、配置书证、条分缕析等项，为“找译译法”在双语术语词典编纂中的应用保驾护航，方能尽其传播知识、释疑解难之重任。

6.3.1　析误匡谬，帮助读者正确选取词目对应词

众所周知，双语术语词典词目对应词是双语术语词典词条最重要的组成部分，是双语术语词典的本质特征和立身之本。读者查阅双语术语词典最重要的目的，就是获取和选用正确、规范的词目对应词。

长期以来，无论是翻译专著、翻译论文还是翻译教材，在论及术语翻译时，大多都推荐使用直译、意译、音译、形译、音意兼译、借用等“现有译法”，从而致使“现有译法”在术语翻译中广为流行，并将其误用到了有译语对应词的术语翻译中，由此产生了一系列术语误译。这些因误用“现有译法”导致的术语误译，因其符合汉语读者的思维模式和长期使用而形成的巨大惯性力，会直接影响和干扰读者对双语术语词典采用“找译译法”给出的词目正确对应词的认同和选取。读者面对采用“找译译法”编纂的双语术语词典给出的词目正确对应词和因误用“现有译法”而广为流传的或其他词典给出的错误对应词时，无疑就会陷入难以选择的境地，从而致使读者选错词、译错文的情况时有发生，严重影响了专业文献和著作的翻译质量。

长期以来我国报纸期刊发表的术语误译纠错文章和一些专家学者撰写的术语误译纠错专著，内容广涉政治、经济、法律、工业、农业、商务等领域，有些专业术语的误译甚至达到了匪夷所思、令人难以置信的地步。由此诞生的诸多犀利评论，更是证明了许多曾经被奉为正译、广为流行的术语翻译其实是误译。

因此，通过检查双语术语词典，使读者认清什么是待查术语正确的译

语对应词，以及什么是待查术语错误的译语对应词，既是读者对双语术语词典最重要、最基本的期盼与要求，又是双语术语词典编纂者责无旁贷的义务。如果读者通过检查双语术语词典尚不能确认词目正确的对应词，甚至选错了对应词，那么双语术语词典最基本的查阅词目对应词的功能就会丧失殆尽，更谈不上通过检查双语术语词典，获得原语术语正确的译语对应词，从而组词造句，生成通顺、达意的译文了。

基于以上，笔者以为析误匡谬，帮助读者正确选取对应词应是双语术语词典一项不可或缺的功能。

关于术语翻译析误匡谬，李亚舒教授在为《英汉钢铁冶金技术详解词典》（徐树德、赵予生，2015）撰写的序言中，以 steel products 词条设置或不设置“词义辨析框”产生的截然不同的效果为例，对双语术语词典术语翻译析误匡谬功能的重要性和必要性做出了令人信服的说明。

试想一下，在我国翻译界、互联网甚至在国家统计局发布的资料的英文版中，译者普遍将 steel products 等同于“钢材”；在我国双语词典普遍将 steel products 作为词目“钢材”的对应词的背景下，有谁会相信 steel products 的译名——“钢产品”是正确的呢？

如果英汉术语词典设置了“词义辨析框”，情况就会大为改观。以下是《英汉钢铁冶金技术详解词典》（徐树德、赵予生，2015）设置有“词义辨析框”的 steel products 词条。

> （一）steel products 在诸多综合英汉科技词典或专业冶金英汉词典中均未见收录。然而在各类汉英词典中，steel products 却经常作为“钢材”的英文对应词频频出现。其实，将 steel products 等同于汉语“钢材”是不妥的。steel products 准确、规范的汉语译名应是“钢产品”。“钢产品”和“钢材”的关系是：“钢产品”包括“钢材”；“钢材”是“钢产品”的一部分。
>
> （二）按国际标准 ISO 6929-1987，steel products（钢产品）分为两大类，内含 12 个小类。
>
> 第一大类为 steel industry products（钢铁工业产品），内含：①crude products（初产品、粗产品、含钢水与钢锭）；②semi-finished products（钢坯、半成品）；③rolled finished products（轧制钢材、

轧制成品）和 end products（终产品）；④finished products forged in lengths（锻制条材）。

第二大类为 other steel products（其他钢产品），内含：①powder metallurgy products（粉末冶金产品）；②castings（铸件）；③forged finished and stamped finished products（锻压产品）；④bright products（光亮产品）；⑤cold-formed products（冷成型产品）；⑥welded sections（焊接型钢）；⑦wire（钢丝）；⑧tubes，hollow sections and hollow bars（管材、空心型材和空心棒材）。

（三）从国际标准 ISO 6929-1987 对 steel products 所含产品的以上描述来看，将 steel products 翻译成“钢材”显然是不妥的。如果将 steel products 等同于汉语“钢材”，它就不应包括国际标准 ISO 6929-1987 以上提及的“①crude products（初产品、粗产品、含钢水与钢锭）；②semi-finished products（钢坯、半成品）”；既然 steel products 包括了国际标准 ISO 6929-1987 以上提及的“钢水”、“钢锭”、“钢坯”在内的钢的 12 类产品，那么符合 steel products 概念内涵与外延的准确译名就应是“钢产品”，而不是“钢材”。

由于以上《英汉钢铁冶金技术详解词典》的“词义辨析框”引用资料权威、推理符合逻辑，相信读者阅后，定会明白将 steel products 翻译成“钢材”为长期误译，并接受 steel products 的正确译名——“钢产品”。

对于英汉术语词典的同一词条，如果无以上“词义辨析框”，虽给出了 steel products 的正确译名“钢产品”，但读者未必能欣然接受，从而使该词条陷入正（译）不压误（译）的尴尬境地；如果有了以上的“词义辨析框”，读者不仅会欣然接受 steel products 的正确译名，还会从中了解到 steel products 的误译现状、“钢产品”和“钢材”的关系、国际标准 ISO 6929-1987 有关“钢产品”的分类知识等。一举三得，何乐不为？双语术语词典设置“词义辨析框”，帮助读者正确识别和选取词目对应词的重要性和必要性由此可见一斑。

当然，双语术语词典设置“词义辨析框”仅是其析误匡谬的一种形式。如果如同《多功能汉英·英汉钢铁词典》那样设置辨析项的形式进行析误匡谬，同样也能起到帮助读者正确识别和选取词目对应词的作用，实现双语术语词典必不可少的析误匡谬功能。以下仅以该词典“连铸坯”词条设置的辨析项予以说明。

连铸坯 continuously cast product；continuously cast semis；product obtained by continuous casting；continuously cast semi-finished products；cast product；strand 连续铸钢机生产出的各类钢坯，简称铸坯。在钢铁工业中，相对于钢材而言，它是半成品。连铸坯包括方坯（含大方坯和小方坯）、板坯、圆坯、矩形坯、薄板坯、薄带坯和异形坯等。【辨析】在本词条给出的六种“连铸坯”英文对应词中，前五种均指成品“连铸坯”或商品“连铸坯”；strand 指正在连铸中的“连铸坯”。汉译英时应注意加以区分。在上下文意思明确的情况下，“连铸坯”经常简略为 cast product 或 product。此外，注意勿将“连铸坯”翻译成 continuous casting billet 或 continuous casting slab or billet。billet 指的是“小方坯”，slab 指的是“板坯”，因此用其来翻译“连铸坯”中的“坯”字，实际上是用下位词来翻译上位词，用事物特定名称来翻译事物统称，显然是错误的。请参见以下摘自英文原版连铸专业文献中的实例：①Entry material is <u>continuously cast product</u>, 12.2 × 13 in., 10 to 18 ft long, weighing 7,500 to 7,900 lb, produced on the 5-strand bloom caster which is located approximately 1 1/2 miles from the rail mill. (1,86,6,29) ②At the end of the 1960s', the surface quality of many <u>continuously cast semis</u> was inferior to that of conventional products. (9,91,6,60) ③Although their structure is similar to that of ingots, <u>products obtained by continuous casting</u> are regarded in this International Standard and in delivery statistics as semi-finished products according to their shape and dimensions, while in production statistics they are regarded as crude products. (ISO 6929-1987, p3) ④Besides the obvious loss in productivity and associated costs, the damage sustained by the caster both short term and long term can effect the surface and/or internal quality of the <u>cast product</u>. (6,41)

⑤Mold oscillation can affect the surface quality of product and viability of the casting process. The nature of oscillation marks can influence the severity of transverse cracking on the surface of as-cast section as well as the propensity for breakout through the strand shell. (1,96,7,36)

连铸坯是钢铁工业中使用频率最高的专业术语之一。在以上《多功能汉英·英汉钢铁词典》“连铸坯”词条的辨析项中，词典编者首先对该词条给出的六种连铸坯英文对应词的用法做出了说明，指出“在本词条给出的六种‘连铸坯’英文对应词中，前五种均指成品‘连铸坯’或商品‘连铸坯’；strand 指正在连铸中的‘连铸坯’”。编者继而提醒读者“汉译英时应注意加以区分”，并指出“在上下文意思明确的情况下，‘连铸坯’经常简略为 cast product 或 product”。至此，该词条对六种“连铸坯”英文对应词的用法应该说已交代清楚，但此时词典编者却笔锋一转，写道：“注意勿将‘连铸坯’翻译成 continuous casting billet 或 continuous casting slab or billet。”这实际上是指出目前书刊报章广为存在的连铸坯误译实例，词典编者用“勿将”二字提醒读者不要盲目仿译。紧接着词典编者对上述连铸坯误译实例进行了分析，指出“billet 指的是‘小方坯’，slab 指的是‘板坯’，因此用其来翻译‘连铸坯’中的‘坯’字，实际上是用下位词来翻译上位词，用事物特定名称来翻译事物统称，显然是错误的”。最后，词典编者依据英文术语必须以英文专业文献为准的“约定俗成”原则，连续引用 5 例英文原版钢铁文献引文对本词条词目的英文对应词加以佐证。整个连铸坯辨析项语言精练、层次分明、环环相扣、循序渐进、说理透彻、令人折服。

6.3.2　配置书证，帮助读者正确使用词目对应词

无论是采用“找译译法”从译语专业文献中找出词目正确的对应词，还是识别和选取词目正确的对应词，其最终目的都是将这些对应词应用到译语论文或译语专著的真实语境中，达到指称概念、传播信息、交流学术之目的。在双语术语词典中，利用配置书证来说明词目对应词在译语语境

中的真实用法，正是达此目的必不可少的手段。

以冶金专业汉英术语词典词目“复合钢板坯”的翻译为例。笔者通过查阅汉英词典，得知英文中表示“复合”的词有多个，诸如 compound、composite、complex、composition、combined、combination 等，但“复合钢板坯”词目英文对应词中的“复合”应选用其中的哪个词呢？令人感到意外的是，笔者采用“找译译法”在英文原版钢铁专业文献中找出的“复合钢板坯”词目的英文对应词为 clad steel slab，其中“复合”一词的英文对应词竟然是诸多汉英词典“复合”词条尚未收录的 clad。

书证是证明双语术语词典词目对应词在译语专业文献中真实存在和实际使用的证据。“书证的正确与恰当使用有利于加强辞书的权威性，增强辞书的可读性与趣味性，从而为读者提供丰富的知识性内容。没有书证的支持，建立条目、划分义项与解释意义等都将成为无源之水，无本之木。”（许荣，2010：173）为了证明冶金专业汉英术语词典词目“复合钢板坯”对应词 clad steel slab 在译语钢铁专业文献中的真实使用情况，现试编带有书证的“复合钢板坯”词条如下：

> 复合钢板坯 clad steel slab【书证】英文中表示“复合”的词有多个，如 compound、composite、complex、composition、combined、combination 等，但本词目“复合钢板坯”中“复合”的英文对应词为当前诸多汉英词典尚未收录的 clad。此系英文冶金专业文献约定俗成的习惯用词，请参见以下英文原版钢铁文献书证：
>
> ①Clad steel slabs can be continuously cast directly from the molten steel stage by magnetohydrodynamically dividing the mould pool into upper and lower parts with the level magnetic field and pouring molten steels of different chemical compositions into the upper and lower pools, respectively. (10,97,3,262) ②The nickel concentrations in clad steel slabs in the thickness direction as measured by an X-ray microanalyser are shown in Fig. 6a and b. (6,99,3,29)

相信读者在阅毕上述“复合钢板坯”词条的书证后，对该词条的词目对应词 clad steel slab 在译语钢铁专业文献中的真实性将不再存疑，对该词条的词目对应词 clad steel slab 在汉英钢铁专业文献翻译中正确使用的自信感将大为增加。

6.3.3　条分缕析，全面给出词目在不同专业中的对应词

将“找译译法”用于原语论文或原语专著中的术语翻译，译者所给出的对应词仅是该原语论文或该原语专著中特定专业特定术语的一个对应词；而对于双语术语词典而言，所应给出的对应词则应是该词典所涉及的各专业所有的对应词。

例如，在一篇连铸专业原语论文中有如下一句话：“This ensures that a sufficiently thick shell will be present at the mold exit to safely contain the liquid core of the strand during both steady-state casting and transient conditions.”其中的原语术语 mold 的对应词在此专业特定的论文中，只能是“结晶器”一解，但如果是一部双语材料学术语词典，如英汉材料术语词典，它所涉及的就不仅仅是连铸专业，词目 mo(u)ld 的对应词也绝不能仅限于“结晶器”一解。因为在英汉材料术语中，mo(u)ld 除了可以指称“结晶器”外，还可以指称铸造专业的“铸型”、炼钢专业的“钢锭模”、注塑专业中的“模具”等。因而，在将“找译译法”用于双语术语词典词目翻译中，以找出其对应词时，词典编纂者应尽可能多地研读译语原版各专业文献，条分缕析，全面给出词目在材料学中不同专业的所有对应词。在编纂双语术语详解词典时，最好还要对不同专业的对应词给予必要的说明。以下是笔者采用“找译译法”，按照双语术语详解词典体例编写的 mo(u)ld 词条：mo(u)ld 【铸】铸型；【连】结晶器；【钢】钢锭模；【注塑】模具。以下是《英汉钢铁冶金技术详解词典》（徐树德、赵予生，2015）设置的 mo(u)ld 词条。

（一）mo(u)ld 在铸造专业中的汉语对应词为“铸型”：

英文原版词典对 mo(u)ld 的解释如下：A shaped cavity made of sand, metal, etc., into which metal is cast to produce some semi-finished or finished shape.

由此可见，mo(u)ld 是由型砂、金属等制成。浇入金属液，可

生产出金属毛坯或金属制品。显然，在铸造专业中 mo(u)ld 的汉语对应词应为“铸型”。按制造材料，铸型可分为砂型（sand mo(u)ld）和金属型（metal mo(u)ld）等。

（二）mo(u)ld 在连铸专业中的汉语对应词为“结晶器”：

在铸造专业中，mo(u)ld 是金属液冷却、凝固和最终形成铸件的地方。在连铸专业中，mo(u)ld 是金属液最初冷却、凝固和形成初始坯壳的地方。英文沿用了铸造专业的 mo(u)ld；而中文却改称为“结晶器”。故在连铸专业中 mo(u)ld 的汉语对应词应为“结晶器”。请参见以下含有 mo(u)ld 的英文原版连铸专业例句：

原文：Modern casting machines with high quality and high production rely mainly upon molds with characteristics of long life, stable operation and quick change of components.

译文：现代优质高产的连铸机主要依赖于具有长寿、操作稳定和零部件更换迅捷等特点的结晶器。

（三）mo(u)ld 在炼钢模铸专业中的汉语对应词为“锭模”或“钢锭模”：

炼钢模铸指的是将冶炼好的钢水浇入钢锭模内生产钢锭的方法。在炼钢模铸工艺中，mo(u)ld 应翻译成“钢锭模”，或简称“锭模”。

请参见以下含有 mo(u)ld 的英文原版模铸专业例句：

原文：The general arrangement of the crystals in an ingot usually consists of long columnar crystals more or less normal to the chill surface of the ingot mould, and an interior core of equi-axed crystals. The proportions of the different types of crystal depend on the temperature difference between molten metal and the mould.

译文：钢锭中的晶体分布通常由基本垂直于钢锭模激冷面的长条柱状晶和位于钢锭中心区的等轴晶组成。钢锭不同类型的晶体比例取决于钢水和锭模之间的温度差。

（四）mo(u)ld 在注塑专业中的汉语对应词为“模具”：

值得注意的是，mo(u)ld 在铸造、连铸和炼钢模铸专业中的中文译名虽然分别为“铸型”、“结晶器”和“（钢）锭模”，但在注塑生产工艺中，mould 的译名则与 die 的译名一样，同为“模具”。

原文①：One fundamental principle of injection moulding is that hot material enters the mould, where it cools rapidly to a temperature at which it solidifies sufficiently to retain the shape.

译文①：注塑成型的基本原理是将高温熔体物料注入模具，熔体在模腔内快速冷却，直至完全凝固并保持一定的形状。

原文②：In a hot runner mold, the runners are maintained in a heated condition to keep the molten plastic in a fluid state at all times.

译文②：在热流道模具中，为使熔融塑料保持液态，应始终对流道进行加热保温。

以上词条，不仅给出了 mo(u)ld 在材料学中不同专业的词目对应词，而且还依据读者在工作和学习中可能出现的问题，分别给出相关说明或例句，释疑解难、备查备考，免除了读者为某些具体问题而遍查各类工具书之劳。

6.4　结　　语

就双语术语词典词条释文提供的各类信息而言，其重要性首推词目的译语对应词。长期以来误将“现有译法”用于有译语对应词的原语术语翻译，致使各种各样的术语误译直接影响和严重干扰了读者对双语术语词典词目正确对应词的认同和选用，从而导致读者选错词、译错文的情况时有发生，严重影响了专业文献和著作的翻译质量。因此，应在双语术语词典释文中增加术语翻译析误匡谬功能，以期帮助读者正确选取词目对应词；在双语术语词典释文中配置书证，以期帮助读者正确使用词目对应词；与此同时，对双语术语词典词目在不同专业中的使用情况条分缕析，以期全面给出不同专业的词目对应词。笔者以为，以上三点，实为今后双语术语词典以“找译译法”为导向进行编纂创新，切实提高双语术语词典实用价值，以服务广大读者的重要方向。

参 考 文 献

北京外国语学院英语系《汉英词典》编写组. 汉英词典[Z]. 北京: 商务印书馆, 1978.
才磊. 113 号、115 号、117 号、118 号元素的中文命名工作[J]. 中国科技术语, 2017, 19(2): 38-45.
蔡文萦. 最新高级英汉词典[Z]. 北京: 商务印书馆国际有限公司, 1994.
崔永康, 乔爱昌, 崔忠林. 全连铸炉机最佳匹配经验[J]. 连铸, 2001, (6): 37-38.
范守义. 定名的历史沿革与名词术语翻译[J]. 外交学院学报, 2002, (1): 83-94.
范守义. 定名的理据与名词术语翻译[J]. 上海科技翻译, 2003, (2): 6-16.
费尔迪南·德·索绪尔. 普通语言学教程. 高明凯译. 北京: 商务印书馆, 1980.
冯志伟. 现代术语学引论(增订本)[M]. 北京: 商务印书馆, 2011.
富成亮, 侯健, 刘现停. 邯钢高炉煤焦置换比理论分析[J]. 南方金属, 2010, (4): 20-22, 25.
何星亮. 非物质文化遗产的保护与民族文化现代化[J]. 中南民族大学学报(人文社会科学版), 2005, (3): 31-36.
花皑, 崔于飞, 吴培珍, 等. 直接还原铁的制造工艺及设备[J]. 工业加热, 2011, (1): 1-4.
黄建华, 陈楚祥. 双语词典学导论[M]. 北京: 商务印书馆, 1997.
惠宇. 新世纪汉英大词典[Z]. 北京: 外语教学与研究出版社, 2003.
贾银忠. 彝族口头和非物质文化遗产的保护和利用[J]. 贵州民族研究, 2004, (3): 61-66.
江建名. 著编译审校指南[M]. 合肥: 中国科学技术大学出版社, 1988.
景奉儒, 张兴中, 孟江, 等. 连铸坯理想矫直曲线方程的数值解分析[J]. 重型机械, 2004, (3): 49-52.
李亚舒. 唯筚路蓝缕,方不落窠臼——读《多功能汉英·英汉钢铁词典》有感[J]. 辞书研究, 2011, (4): 134-138.
李亚舒, 徐树德. 术语“找译译法”初探[J]. 中国科技术语, 2016, (3): 35-38.
李亚舒, 徐树德. 语言符号任意性和不变性视角下的术语翻译方法研究[J]. 上海理工大学学报(社会科学版), 2018, (3): 213-218.
刘松. 论严复的译名观[J]. 中国科技术语, 2016, (2): 32-37.
刘文, 王兴珍. 轧钢生产基础知识问答(第 2 版)[M]. 北京: 冶金工业出版社, 1994.
陆谷孙. 英汉大词典(下卷)[Z]. 上海: 上海译文出版社, 1991.
陆谷孙. 中华汉英大词典[Z]. 上海: 复旦大学出版社, 2015.
马爱英, 黄忠廉, 李亚舒. 建立中国术语学之管见[J]. 中国科技术语, 2007, (6): 15-17.
毛泽东. 毛泽东著作选读(甲种本)[M]. 北京: 人民出版社, 1965.
明举新. 汉英冶金工业词典[Z]. 长沙: 中南大学出版社, 2001.
明举新. 汉英冶金工业词典(第三版)[Z]. 长沙: 中南大学出版社, 2010.

潘绍中. 新时代汉英大词典[Z]. 北京: 商务印书馆, 2014.
邱大平, 胡静. 潜艇专业术语翻译问题探析[J]. 中国科技翻译, 2016, (1): 4-6, 10.
史占彪, 芮树森. 直接还原铁在电弧炉炼钢中的应用[J]. 特殊钢, 2000, (3): 6-9.
孙复初. 汉英科学技术辞海[Z]. 北京: 国防工业出版社, 2003.
孙迎春. 科学词典译编[M]. 北京: 中国对外翻译出版公司, 2008.
唐义均, 丁媛. 从词语搭配视角看“法定代表人”的英译[J]. 中国科技翻译, 2016, (3): 43-46.
外语教学与研究出版社词典编辑室. 现代汉英词典[Z]. 北京: 外语教学与研究出版社, 1988.
王博. 英语科技术语翻译策略新探[J]. 华北水利水电学院学报(社科版), 2009, (5): 134-136.
魏向清, 赵连振. 术语翻译研究导引[M]. 南京: 南京大学出版社, 2012.
吴光华. 汉英大辞典(第 1 版)[Z]. 上海: 上海交通大学出版社, 1993.
吴光华. 汉英科技大词典[Z]. 北京: 化学工业出版社, 2011.
新华社. 2016政府工作报告双语全文[EB/OL]. https://language.chinadaily.com.cn/2016-03/18/content_23944369.htm [2016-03-18].
新华社. 习近平在中国共产党第十九次全国代表大会上的报告(全文)Full text of Xi Jinping's report at 19th CPC National Congress [EB/OL]. http://www.china.org.cn/chinese/2017-11/06/content_41852215.htm [2017-11-06].
徐树德. 论 ton 的误释和误译[J]. 中国翻译, 1993, (2): 34-37.
徐树德. 全连铸英译探析[J]. 冶金标准化与质量, 2009, (6): 33-36.
徐树德. 钢铁专业术语英译考——高炉大修[J]. 冶金信息导刊, 2015, (5): 62-64.
徐树德, 赵予生. 多功能汉英·英汉钢铁词典[Z]. 北京: 化学工业出版社, 2010.
徐树德, 赵予生. 匪夷所思, 确乎存在: “钢材”误译评析[J]. 中国冶金, 2014, (8): 62-65 .
徐树德, 赵予生. 英汉钢铁冶金技术详解词典[Z]. 北京: 机械工业出版社, 2015.
许荣. 中国辞书学会第六届中青年辞书工作者学术研讨会论文集[C]. 北京, 2010.
严关宝. 钢铁工业主题词表(第 2 版)[M]. 北京: 冶金部情报标准研究总所, 1991.
姚小平. 汉英词典[Z]. 北京: 外语教学与研究出版社, 2010.
冶金学名词审定委员会. 冶金学名词[Z]. 北京: 科学出版社, 2001.
叶建林, 黎景全. 英汉金属塑性加工词典[Z]. 北京: 冶金工业出版社, 2001.
伊炳希, 田乃媛. 全连铸生产物流管制的数学模型及应用[J]. 炼钢, 1995, (5): 34-39.
喻辅成. 用氧化铁鳞制取直接还原铁的实验室研究[J]. 江西冶金, 2001, (3/4): 20-24.
张焕乔. 113 号、115 号、117 号和 118 号元素中文定名之我见[J]. 中国科技术语, 2017, (2): 26, 29.
张静, 杜煌, 贾磊磊. 论工艺美术非物质文化遗产创新传承方式[J]. 山东农业工程学院学报, 2016, (11): 147-150.
张清涟. 英汉双解钢铁冶炼词典[Z]. 北京: 北京出版社, 1993.
张彦. 科学术语翻译概论[M]. 杭州: 浙江大学出版社, 2008.

张银亮. 英汉-汉英耐火材料工程词典[Z]. 北京：化学工业出版社, 2016.
郑述谱. 术语翻译及其对策[J]. 外语学刊, 2012, (5): 102-105.
中国科技术语编辑部. 开展新元素中文命名，推进科学技术交流[J]. 中国科技术语, 2017, (2): 1.
中国科学技术信息研究所. 汉语主题词表·工程技术卷(第 III 册)[M]. 北京：科学技术文献出版社, 2014.
中国日报网. 2014 年政府工作报告全文(双语)[EB/OL]. https: //language.chinadaily.com.cn/a/201403/17/WS5b2070efa31001b82572029e.html [2014-03-17].
中国社会科学院语言研究所. 现代汉语词典(第 2 版)[Z]. 北京：商务印书馆, 1983.
中国社会科学院语言研究所. 现代汉语词典(第 4 版)[Z]. 北京：商务印书馆, 2002.
中国社会科学院语言研究所. 现代汉语词典(第 7 版)[Z]. 北京：商务印书馆, 2016.
中国社会科学院语言研究所词典编辑室. 现代汉语词典(汉英双语版)[M]. 北京：外语教学与研究出版社, 2002.
中国冶金百科全书编辑部. 中国冶金百科全书(钢铁冶金卷)[Z]. 北京：冶金工业出版社, 2001.
中华人民共和国国家质量监督检验检疫总局，中国国家标准化管理委员会. 中华人民共和国国家标准《钢产品分类》(GB/T15574—2016)[S]. 北京, 2016.
中华人民共和国国务院新闻办公室. 中国政府白皮书 5：汉英对照[Z]. 北京：外文出版社, 2008.
American Iron and Steel Institute. Steel production statistics [J]. *Pittsburge: Iron and Steel Engineer*, 1998, (2).
Fuga, D. J. World crude steel production reaches record 794.5 million tonnes [J]. *Pittsburge: Iron and Steel Engineer*, 1998, (4).
Gove, P. B. *Webster's Third New International Dictionary of the English Language* [Z]. Springfield: G. & C. Merriam Co., 1961.
Hornby, A. S. *Oxford Advanced Learner's Dictionary of Current English* (6th edition)[Z]. Oxford: Oxford University Press, 2000.
International Organization for Standardization. ISO 6929-1987 Steel Products — Definitions and Classification [S]. 1987.
Pearsall, J. *The Concise Oxford English Dictionary*(Revised 10th edition) [Z]. Beijing: Foreign Language Teaching and Research Press, 2004.
Rundel, M. *Macmillan English Dictionary for Advanced Learners* [Z]. 北京：外语教学与研究出版社, 2003.
Tottle, C. R. *An Encyclopaedia of Metallurgy and Materials* [M]. Plymouth: Macdonald & Evans Ltd., 1984.

附录一　本书英文原版例句主要参考文献及出处简要标注法

一、本书英文原版例句主要参考文献

（1）*Iron and Steel Engineer*（刊）

（2）*Iron & Steelmaker*（刊）

（3）*Steel Times*（刊）

（4）*Steel Times International*（刊）

（5）*2000 Steelmaking Conference Proceedings*

（6）*2001 Steelmaking Conference Proceedings*

（7）*2002 Steelmaking Conference Proceedings*

（8）*Proceedings of the 68th Steelmaking Conference*

（9）*Metallurgical Plant and Technology*（刊）

（10）*Ironmaking & Steelmaking*（刊）

（11）*ISIJ International*（刊）

（12）*AISE Steel Technology*（刊）

（13）*An Encyclopaedia of Metallurgy and Materials*

（14）*2002 Electric Furnace Conference Proceedings*

二、本书英文原版例句出处简要标注法说明

（1）以上参考文献，凡注明“（刊）”字的，为期刊；其余按书籍进行标注。

（2）摘自英文原版期刊例句的出处标注，以 *Iron & Steelmaker* 为例，说明如下：“1998 年，第 6 期，第 22 页”简要标注为“（2,98,6,22）”；“2002 年，第 8 期，第 33 页”简要标注为“（2,2,8,33）”。

（3）摘自英文原版书籍例句的出处标注，以 *An Encyclopaedia of Metallurgy and Materials* 为例，说明如下：“第 86 页”简要注明为“（13,86）”。

附录二　术语学中与翻译相关的术语概释

一、术语

①通过语音或文字来表达或限定专业概念的约定性符号；②专业领域中概念的语言指称；③在特定专业领域中一般概念的词语指称。[①]

（一）术语类型

1. 原创术语

某一概念用某种语言被第一次规范命名的术语。例如96号化学元素，最早由美国科学家用英语命名为Curium，以纪念伟大的科学家居里夫妇，Curium即为原创术语。

原创术语Curium具有唯一性，而指称同一概念的俄语 кюрий、德语Kupfer和汉语“锔”等都不是原创术语。与此同时，原创术语既可以扮演原语术语的角色，亦可以扮演译语术语的角色。如将原创术语Curium翻译成俄语 кюрий、德语Kupfer和汉语“锔”等，此时原创术语Curium即为原语术语；如将俄语 кюрий、德语Kupfer和汉语“锔”等翻译成原创术语Curium，此时原创术语Curium即为译语术语。

2. 多源术语

当术语在两种语言中进行翻译时，原语中的不同术语可能在译语中会被译为同一个术语；由于译语中的术语具有原语中的多个术语来源，所以叫作多源术语。

3. 单义术语

仅指称一个概念的术语。

① 本部分中凡标注①、②、③者，均为不同资料对同一问题的不同表述。

4. 多义术语

指称两个或两个以上概念，且这些概念之间又有某种语义联系的术语。

5. 同音术语

指称两个或两个以上概念，且这些概念之间没有语义联系的术语。

6. 异形术语

在汉语中，如果一个术语由形状不同的汉字表示，这种术语就叫作异形术语。

7. 同义术语

在同一语言中，如果有两个或两个以上的术语表示同一个概念，那么，这些术语就叫作同义术语。

8. 等价术语

在两种或两种以上的语言中表示同一概念的术语叫作等价术语。不同语言之间的等价术语，其内涵和外延都是完全重合的。同义术语仅用于描述同一语言内的术语，而等价术语则用于描述不同语言之间的术语。

9. 借用术语

为了表达来自其他语言中的某些概念，可以把其他语言中的概念以及表达相应概念的术语都借用过来，这种术语就叫作借用术语。借用术语的主要类型如下：把其他语言中的术语毫不改变地借来，作为本语言的术语；把其他语言中的术语在拼写法上做某些改变后借来，再作为本语言的术语；把其他语言中的某些术语在拼写法上做某些改变后，再加上本语言中的某些词语，构成本语言的术语。

10. 原语术语

即被翻译的术语，亦称源语术语、译出语术语、出发语术语、输出语术语。原语术语按在译语专业文献中有无译语对应词分为有译语对应词的原语术语和无译语对应词的原语术语。

11. 译语术语

即通过翻译原语术语得到的另一种语言的与原语术语指称同一概念的术语，亦称目的语术语、译入语术语、输入语术语、译语对应词、译名。

（二）原语术语和译语术语的相对性和共指性

1. 原语术语和译语术语的相对性

将甲种语言的术语翻译成乙种语言的相应术语时，甲种语言的术语相对于乙种语言的术语被称为原语术语，乙种语言的术语被称为译语术语；反之，在将乙种语言的术语翻译成甲种语言的相应术语时，则乙种语言的术语被称为原语术语，甲种语言的术语被称为译语术语。例如将汉语“书”翻译成英文 book，“书”为原语术语，book 为译语术语；反之，将英文 book 翻译成汉语“书”，则 book 为原语术语，“书”为译语术语。

2. 原语术语和译语术语的共指性

一对原语术语和译语术语所指称的概念必定相同。

（三）术语命名特征选项

指人们在给事物（或概念）命名时，基于不同角度可能选取的事物（或概念）特征。由于同一事物（或概念）从不同角度观察可得到不同的术语命名特征选项，故多元性和开放性是术语命名特征选项的基本属性。例如，除了形状、颜色、材料、部件、部位、大小、数量、行为、视觉、听觉、味觉、嗅觉、触觉、热觉、动觉、时觉、功用、地理、国名、地名、人名、神话人物名、动植物名，式样、工艺、燃料、局部、全体、远近、位置、高矮、节奏、软硬、粗细、速度、样态、用途、原料、温度、湿度、频率、密度等也是术语命名特征选项。有时，视具体的事物（或概念），还可以取其拟声、借用乃至引申义作为术语命名特征选项。

（四）术语最终命名特征选项

指人们在给事物（或概念）命名时，从术语命名特征选项中最终选定的事物（或概念）特征。

二、术语翻译方法

指将一种语言的专业术语用另一种语言中在专业概念上与其相同的术语表达出来的途径或步骤。简而言之，术语翻译方法即术语翻译的途径或步骤。

（一）术语找译译法

这是一种依据原语术语概念内涵，通过适当的方法，直接从译语专业文献中找出与该原语术语概念内涵相对应的译语术语的翻译方法。或者说，“找译译法”是一种基于专业概念等同，尊重译语国家或译语民族术语命名权的术语翻译方法。

在译语文献中已存在与原语术语相对应的译语对应词的条件下，“找译译法”是最能准确得到与原语术语相对应的译语术语的翻译方法。由于有译语对应词的原语术语在全部原语术语中占绝大多数，故而“找译译法”同时也是一种适用于绝大多数原语术语的翻译方法。有关找译译法的具体翻译实例，请参见本书第 5 章 5.7 节“‘找译译法’类别、翻译实例与误译分析”。

找译译法具有以下特点：①特定的理论基础——索绪尔的语言学语言符号不变性理论；②特定的翻译流程——把握原语术语概念内涵，确定是否适用找译译法，选择相应译语专业文献，从中找出概念等同的译名；③特定的翻译与纠错功能——一是将有译语对应词的原语术语翻译成与之对应的译语术语功能，二是对误译术语的析误纠错功能。只要严格按照上述找译译法的翻译流程操作，即可找到有译语对应词的原语术语的准确译名。

直接从双语或多语词典、其他工具书、论文英文摘要以及网络在线词典、网络在线翻译软件中查找原语术语译名的方法，不属于找译译法的范畴，因为这种方法既不具有找译译法的特定理论基础，也不具有找译译法的特定翻译流程和特定的翻译与纠错功能；最为关键的是采用这种方法并不能确保所得译名的准确性。

1. 术语“找译译法”之“指标单位法”

这是一种以译语专业文献中的计量单位作为媒介，找出与原语术语相对应的译语术语的翻译方法。无论是原语专业文献还是译语专业文献中都会涉及各种各样的生产指标、技术指标、经济指标、质量指标、环境指标等。尽管不同语种对同一指标术语的语言表达方式不同，但在同一种专业文献中，同一指标术语在不同语种中的计量单位却是相同的或经过换算是相同的。我们即可利用这一特点作为联系不同语种原语指标术语和译语指标术语的纽带，在译语专业文献中准确找出与原语指标术语相对应的译语指标术语。尤其是对于那些字面意思大相径庭而技术内涵却高度一致的原语指标术语与译语指标术语而言，采用指标单位法更是快速、准确地从译语专业文献中找出与原语指标术语相对应的译语指标术语的一条捷径。

2. 术语“找译译法”之“按图索骥法”

这是一种通过对比原语专业文献和译语专业文献中的插图（或在已知实体物件外观形貌）和相关文字资料的情况下，直接从译语专业文献中的文字资料中找出与原语术语相对应的译语术语的翻译方法。该方法的优点是在译语专业文献中有插图（或在已知实体物件外观形貌）和相关文字说明的情况下，能够快速准确地从中找到与原语术语相对应的译语术语。

3. 术语“找译译法”之“按图索骥+专业判定复合法”

这是一种在通过“按图索骥法”仍不能确定与原语术语相对应的译语术语的情况下，进一步借助“专业判定法”从译语专业文献中的插图和相关文字资料中找出与原语术语相对应的译语术语的翻译方法。

4. 术语“找译译法”之“定义法”

这是一种通过查阅原语工具书或其他相关资料中的原语术语定义，确认原语术语的概念内涵和实际所指，进而从译语专业文献中找出与原语术语准确对应的译语术语的翻译方法。

5. 术语“找译译法”之“上下文判定法”

这是一种利用译语专业文献的上下文内容，从中准确找出与原语术语相对应的译语术语的翻译方法。

6. 术语“找译译法”之“同类仿译法”

对于具有同一中心词且修饰语的语法结构相同但通常存在一词之差的一组词组型原语术语，可先在译语专业文献中找出其中之一原语术语的译语对应词，其余原语术语的译语对应词则可仿效先找出的原语术语的译语对应词，仅置换其中的一词就能将其译出。

7. 术语“找译译法”之“专业判定法”

这是一种利用专业知识从译语专业文献中准确找出与原语术语相对应的译语术语的翻译方法。采用该方法的前提条件是译者不仅要对原语术语的概念了然于心，同时还要对原语术语的相关背景、使用场合等有较为深入的了解，唯如此，使用专业判定法方能得心应手、游刃有余。尤其是对于那些字面意思风马牛不相及而概念含义却等同的原语术语和译语术语，若要从译语专业文献中准确找出与原语术语相对应的译语术语，译者的专业知识的作用尤为重要。

（二）术语现有译法

即目前诸多专著、论文、教材所介绍和推荐的术语直译、意译、音译、形译、象译、音意兼译或借用等方法的统称。某些专著、论文、教材在介绍和推荐现有译法时，既不说明由此翻译出的译名仅为推荐译名，须经“约定定名”后方能投入使用，亦未说明该翻译方法的适用范围。故而，这些专著、论文、教材所介绍和推荐的术语现有译法不仅是一种缺失了“约定定名”的术语翻译方法，同时还是一种未对其本身适用范围做出必要说明的术语翻译方法。正因为该翻译方法缺失了“约定定名”环节，因此采用该翻译方法翻译出的术语就失去了术语之所以能够成为术语的基本要件，即术语是“约定性”符号；正因为该翻译方法未对其自身适用范围做出必要说明，因此该翻译方法被广泛误用到了有译语对应词的原语术语翻译上，从而导致了诸多有译语对应词原语术语的广泛误译。

1. 术语“现有译法”之“直译法”

①根据原词的实际含义译成对应的汉语术语；②根据原语术语所反映的概念，在不变更原语术语的词序、对应成分不增不减的前提下，直接转换成译语术语的方法。

2. 术语“现有译法”之“意译法”

①在不脱离原文的基础上运用延续或扩展的方法译出原文；②在忠实

反映原语术语的内涵概念时，变更了原语术语的词序，或对应成分有增减等的灵活翻译方法。

3. 术语“现有译法”之“音译法”

①根据原语术语的发音，选择与其发音相似的译语字词作为该术语的译名，以代表原语术语的技术概念；②音译，也称转写，即用译语的文字符号来表现原语的发音，是一种引入新词的方法。当原语和译语之间存在语义空缺，翻译无法直接从形式或语义入手时，音译往往是主要的方法。

4. 术语“现有译法”之“音意兼译法”

①在音译之后加上一个表示类别的词，或者一部分音译，另一部分意译。②音译和意译结合，音和意两面兼顾，分为两种情况：一是音译词用字既标音又达意；二是术语的一部分用音译，另一部分用意译，或称半音译半意译。

5. 术语“现有译法”之“象译法”

有些科技术语的前半部分是表示该术语形象的字母或单词，翻译这类术语时，应将这一部分译成能表示具体形象的字眼或保留原来的字母或单词，这种译法叫作象译法。

6. 术语“现有译法”之“形译法”

凡是照录原文，不译出汉语的方法便叫作形译法。

7. 术语“现有译法”与“译名泛化”

“现有译法”是一种依据原语术语概念本质特征，有时还会依据概念非本质特征，甚至概念比喻义乃至发音等，将原语术语翻译成译语术语的翻译方法；加之使用该方法进行翻译时又会受到同义词、同音词乃至不同译者的用词习惯等因素的影响，故而采用“现有译法”对同一原语术语进行翻译时，不同的译者常常就会赋之以不同的译名。此乃谓译名泛化。

译名泛化的直接结果就是同一原语术语会有几个乃至十几个“译名”。此时的这些译名，只能被称为“推荐译名”。唯有通过“约定定名”，方能从中选定正式译名，投入实际使用，否则就会造成译名混乱。

（三）修正版术语现有译法

在目前一些专著、论文、教材所介绍和推荐的术语直译、意译、音译、形译、象译、音意兼译或借用等方法的基础上，笔者做出了如下三点修正现有译法的说明：①说明“现有译法”仅适用于无译语对应词即新产生的原语术语的翻译。②说明采用“现有译法”翻译出来的“译语术语”，尚不是真正意义上的“译语术语”，而是“推荐译语术语”，即“推荐译名”；只有通过“约定定名”，如全国科技名词委组织实施的国家标准或行业标准规定的约定定名，抑或被书刊报章广泛使用，已形成社会共识后的约定定名，方能成为“正式术语”，或曰“正式译名”，放入各类专业文献和媒体中使用。③说明在尚未从“推荐译名”中约定出“正式译名”前，如果必须在文献中使用“推荐译名”，可在该译名后括号内做出必要的说明，比如添加又译译名或给出原文等，以免造成同一原语术语因不同译者给出的不同“推荐译名”而引发的译名混乱。

三、双语术语词典

即词目为原语术语，释文为与之相对应的译语术语或附之以必要解释或说明等的词典。双语术语词典的主要功能是将一种语言的原语术语翻译成与之概念内涵等同或近似的另一种语言的译语术语。故双语术语词典亦可称为术语翻译词典。

（一）词汇对照表型双语术语词典

释文仅为与词目相对应的译语术语或赋之以专业略语说明的双语术语词典。仅用于为读者提供译语对应词，亦称被动型双语术语词典。

（二）多功能双语术语词典

释文除与词目相对应的译语术语或赋之以专业略语说明外，尚含有词义解释、析误匡谬、词语搭配、例句、语法、语用等资料的双语术语词典。用于为读者提供尽可能多的信息资料，以利于读者解决翻译或外语写作中遇到的产出方面的问题。亦称主动型双语术语词典或产出型双语术语词典。

（三）双语术语词典词条

即双语术语词典的基本结构单位和功能单位，由词目和释文两部分组成，是词典的主体。

（四）双语术语词典词目

指的是双语术语词典词条中被翻译、被解释的术语。在西方词典学中，词目被称为词条的左项。

（五）双语术语词典释文

指的是双语术语词典词条中与词目相对应的译语术语，即词目的译名，以及用于相关解释与说明的文字，诸如词义解释、词语搭配、析误匡谬、例句、语法、语用等资料。在西方词典学中，释文被称为词条的右项。

四、术语库

又称为自动化词典，是术语研究、术语翻译、词典编纂发展过程中的一个新阶段。它充分利用计算机特有的功能，大量储存各种术语及其相应的译名、用法等内容，同时还能随时补充和更新，有力地加强了对术语及其译名的管理，最大限度地适应了科学技术飞速发展对术语提出的新要求；输入计算机的术语应具有明确的概念和准确的名称，输出的术语应符合规范化的要求，这就促进了术语标准化和规范化的进程；同时它还是一种现代化的术语传输手段，能准确及时地向各方面的用户提供术语信息。

五、机器翻译

亦称自动翻译，是利用计算机将一种自然语言转换成另一种自然语言的过程。它是计算语言学的一个分支，具有重要的科学研究和实用价值。

参 考 文 献

冯志伟. 现代术语学引论[M]. 北京：商务印书馆, 2011.

黄建华, 陈楚祥. 双语词典学导论[M]. 北京: 商务印书馆, 1997.
李明, 周敬华. 双语词典编纂[M]. 上海: 上海外语教育出版社, 2001.
李亚舒, 徐树德. 剖析术语误译, 兼论“找译译法”[J]. 中国科技术语, 2018, 20(6): 67-72.
李亚舒, 徐树德. 术语“找译译法”初探[J]. 中国科技术语, 2016, (3): 35-38.
李亚舒, 徐树德. 语言符号任意性和不变性视角下的术语翻译方法研究[J]. 上海理工大学学报(社会科学版), 2018, (3): 213-218.
孙迎春. 科学词典译编[M]. 北京: 中国对外翻译出版公司, 2008.

附录三　英文原版工程技术分类期刊名录摘编

一次文献是进行各项科学研究的起点与基础，当然也是术语翻译研究的起点与基础。术语翻译研究，离开了一次文献，就如同无源之水、无本之木。

英文原版专业期刊登载的专业论文，更是术语翻译研究首选的一次文献类型，它较之英文原版专著、教材、论文集、会议录乃至国家标准、专利文献等，具有以下优点：出版周期短，新词查得率高；内容丰富实用，广涉工艺设备、环保资料、仪器仪表、专业标准等；更有经验丰富的期刊编审人员把关，术语使用规范得体，值得引以为据。因此，英文原版专业论文是采用“找译译法”进行术语翻译和研究的首选一次文献资料。基于此，现从 1500 余种英文原版工程技术专业期刊中撷取约 300 种，编成“英文原版工程技术分类期刊名录摘编”，基本覆盖了工程技术类主要专业，以供术语翻译研究人员选用。

本摘编收录的期刊名称以英文原版名称为准，相应的汉语名称仅供参考。

一、质量、标准、专利

Quality Progress
《质量进展》（出版地：美国，月刊）

Materials Evaluation
《材料评价》（出版地：美国，月刊）

Official Gazette of the United States Patent and Trademark Office: "Patents"
《美国专利与商标局公报：“专利部分”》（出版地：美国，年 52 期）

Quality Control & Applied Statistics
《质量控制与应用统计学》（出版地：美国，双月刊）

Journal of Quality Technology
《质量技术杂志》（出版地：美国，季刊）

ASTM Standardization News
《美国材料与试验协会标准化新闻》（出版地：美国，月刊）

Journal of Testing and Evaluation
《试验与评价杂志》（出版地：美国，双月刊）

Test Engineering and Management
《试验工程与管理》（出版地：美国，双月刊）

Journal of Research of the National Institute of Standards and Technology
《美国国家标准与技术学会研究杂志》（出版地：美国，双月刊）

Test & Measurement World
《试验与测量世界》（出版地：美国，年 15 期）

NDT & E International
《国际无损试验与评价》（出版地：英国，年 8 期）

Quality World
《质量世界》（出版地：英国，月刊）

Quality Today
《今日质量》（出版地：英国，年 10 期）

World Patent Information
《世界专利信息》（出版地：英国，季刊）

Derwent Alerting Abstracts Bulletin, Classified Section A: "Polymers & Plastics"
《德温特分类文摘公报，A 辑："聚合物与塑料"》（出版地：英国，年 51 期）

Derwent Alerting Abstracts Bulletin, Classified Section D: "Food; Detergents; Water; Biotechnology"
《德温特分类文摘公报，D 辑："食品；去垢剂；水；生物技术"》（出版地：英国，年 51 期）

Derwent Alerting Abstracts Bulletin, Classified Section E: "General Chemicals"
《德温特分类文摘公报，E 辑："一般化学品"》（出版地：英国，年 51 期）

Derwent Alerting Abstracts Bulletin, Classified Section F: "Textiles &

Paper-making"

《德温特分类文摘公报，F 辑："纺织品与造纸"》（出版地：英国，年 51 期）

Derwent Alerting Abstracts Bulletin, Classified Section G: "Printing; Coating; Photography"

《德温特分类文摘公报，G 辑："印刷；涂料；摄影"》（出版地：英国，年 51 期）

Derwent Alerting Abstracts Bulletin, Classified Section H: "Petroleum"

《德温特分类文摘公报，H 辑："石油"》（出版地：英国，年 51 期）

Derwent Alerting Abstracts Bulletin, Classified Section J: "Chemical Engineering"

《德温特分类文摘公报，J 辑："化工"》（出版地：英国，年 51 期）

Derwent Alerting Abstracts Bulletin, Classified Section L: "Refractories; Electro(in)organics"

《德温特分类文摘公报，L 辑："耐火物；电化（无机）有机物"》（出版地：英国，年 51 期）

Derwent Alerting Abstracts Bulletin, Classified Section M: "Metallurgy"

《德温特分类文摘公报，M 辑："冶金"》（出版地：英国，年 51 期）

ISO (International Organization for Standardization) Bulletin

《国际标准化组织通报》（出版地：瑞士，年 12 期）

二、环境科学与技术

Pollution Engineering

《污染治理工程》（出版地：美国，月刊）

Journal of the IEST

《环境科学与技术学会志》（出版地：美国，双月刊）

Institute of Environmental Sciences and Technology Proceedings

《环境科学与技术学会会议录》（出版地：美国，年 1 期）

Ecotoxicology and Environmental Safety

《生态毒物学与环境安全》（出版地：美国，年 9 期）

Environmental Progress
《环境进展》（出版地：美国，季刊）
Water Environment Research
《水环境研究》（出版地：美国，年 7 期）
Journal of the Air & Waste Management Association
《空气和废物管理协会杂志》（出版地：美国，月刊）
Environmental Science & Technology
《环境科学与技术》（出版地：美国，半月刊）
Environment Abstracts
《环境文摘》（出版地：美国，年 16 期）
Noise Control Engineering Journal
《噪音控制工程杂志》（出版地：美国，双月刊）
Journal of Environmental Economics and Management
《环境经济与管理杂志》（出版地：美国，半月刊）
Environmental Engineering Science
《环境工程科学》（出版地：美国，双月刊）
Journal of Environment & Development
《环境与发展杂志》（出版地：美国，季刊）
International Journal of Environmental Analytical Chemistry
《国际环境分析化学杂志》（出版地：英国，月刊）
Environment and Development Economics
《环境与发展经济学》（出版地：英国，季刊）
International Journal of Environmental Studies
《国际环境研究杂志》（出版地：英国，双月刊）
Journal of Environmental Management
《环境管理杂志》（出版地：英国，月刊）
Global Environmental Change: Human and Policy Dimensions
《全球环境变化：人与政策》（出版地：英国，季刊）
Environmental Conservation
《环境保护》（出版地：英国，季刊）
Journal of Environmental Biology

《环境生物学杂志》（出版地：印度，季刊）

Waste Management & Research

《废物管理与研究》（出版地：丹麦，双月刊）

Water, Air & Soil Pollution

《水、空气和土壤污染》（出版地：荷兰，年 32 期）

Science of the Total Environment

《整体环境科学》（出版地：荷兰，年 54 期）

Environmental Monitoring and Assessment

《环境建模与评估》（出版地：荷兰，季刊）

Environment, Development and Sustainability

《环境、发展与可持续性》（出版地：荷兰，季刊）

International Journal of Environment and Pollution

《国际环境与污染杂志》（出版地：瑞士，月刊）

三、工程基础科学

The Engineering Design Graphics Journal

《工程设计制图杂志》（出版地：美国，年 3 期）

Journal of Engineering Materials and Technology (Transactions of the ASME)

《工程材料与技术杂志（美国机械工程师学会汇刊）》（出版地：美国，季刊）

Society for the Advancement of Material & Process Engineering

《材料与加工工程促进学会志》（出版地：美国，双月刊）

Journal of Materials Synthesis and Processing

《材料合成与加工杂志》（出版地：美国，双月刊）

Eureka-Innovative Engineering Design

《尤里卡-创新工程设计》（出版地：英国，月刊）

Engineering Fracture Mechanics

《工程断裂力学》（出版地：英国，年 18 期）

International Journal of Pressure Vessels and Piping

《国际压力容器与管道杂志》（出版地：英国，年 15 期）

Probabilistic Engineering Mechanics
《概率工程力学》（出版地：英国，季刊）

Journal of Strain Analysis for Engineering Design
《工程设计应变分析杂志》（出版地：英国，双月刊）

Journal of Engineering Mathematics
《工程数学杂志》（出版地：荷兰，年 8 期）

Computer Methods in Applied Mechanics and Engineering
《应用力学与工程中的计算机方法》（出版地：瑞士，年 52 期）

四、计算机

Journal of the Association for Computing Machinery
《美国计算机学会志》（出版地：美国，双月刊）

Communications of the ACM
《美国计算机学会通信》（出版地：美国，月刊）

Journal of Computer and System Sciences
《计算机与系统科学杂志》（出版地：美国，双月刊）

International Journal of Parallel Programming
《国际并行程序设计杂志》（出版地：美国，双月刊）

Computer Vision and Image Understanding
《计算机视觉与图像理解》（出版地：美国，月刊）

ACM Transactions on Database Systems
《美国计算机学会数据库系统汇刊》（出版地：美国，季刊）

ACM Transactions on Programming Languages and Systems
《美国计算机学会程序语言与系统汇刊》（出版地：美国，双月刊）

五、电工与电子技术

Electrical Review
《电气评论》（出版地：英国，半月刊）

IEE Proceedings: "Science, Measurement and Tecnology"

《电气工程师协会会报："科学、测量与技术"》（出版地：英国，双月刊）

IEE Proceedings: "Electric Power Applications"

《电气工程师协会会报："电力应用"》（出版地：英国，双月刊）

IEE Proceedings: "Generation,Transmission and Distribution"

《电气工程师协会会报："发电与电力输配"》（出版地：英国，双月刊）

IEE Proceedings: "Control Theory and Applications"

《电气工程师协会会报："控制理论与应用"》（出版地：英国，双月刊）

IEE Proceedings: "Computer and Digital Techniques"

《电气工程师协会会报："计算机与数字技术"》（出版地：英国，双月刊）

IEE Proceedings: "Radar, Sonar and Navigation"

《电气工程师协会会报："雷达、声呐与导航"》（出版地：英国，双月刊）

IEE Proceedings: "Circuits, Devices and Systems"

《电气工程师协会会报："电路、器件与系统"》（出版地：英国，双月刊）

IEE Proceedings: "Microwaves, Antennas and Propagation"

《电气工程师协会会报："微波、天线与传播"》（出版地：英国，双月刊）

IEE Proceedings: "Communications"

《电气工程师协会会报："通信"》（出版地：英国，双月刊）

IEE Proceedings: "Optoelectronics"

《电气工程师协会会报："光电子学"》（出版地：英国，双月刊）

IEE Proceedings: "Vision, Image and Signal Processing"

《电气工程师协会会报："视觉、图像与信号处理"》（出版地：英国，双月刊）

IEE Proceedings: "Software"

《电气工程师协会会报："软件"》（出版地：英国，双月刊）

Electrical & Electronics Abstracts (Science Abstracts, Series B)

《电气与电子学文摘（科学文摘 B 辑）》（出版地：英国，年 16 期）

Key Abstracts: "Advanced Materials"

《重要文献摘要："先进材料"》（出版地：英国，月刊）

Key Abstracts: "Antennas & Propagation"

《重要文献摘要："天线与传播"》（出版地：英国，月刊）

Key Abstracts: "Artificial Intelligence"

《重要文献摘要："人工智能"》（出版地：英国，月刊）

Key Abstracts: "Computer Communication & Storage"

《重要文献摘要："计算机通信与存储"》（出版地：英国，月刊）

Key Abstracts: "Computing in Electronics & Power"

《重要文献摘要："电子与电力工程中的计算"》（出版地：英国，月刊）

Key Abstracts: "Electronic Circuits"

《重要文献摘要："电子电路"》（出版地：英国，月刊）

Key Abstracts: "Electronic Instrumentation"

《重要文献摘要："电子仪器仪表"》（出版地：英国，月刊）

六、冶金类

Metallurgical and Materials Transactions, A: "Physical Metallurgy and Materials Science "

《冶金学与材料学汇刊，A 辑："物理冶金学与材料科学"》（出版地：美国，月刊）

Metallurgical and Materials Transactions, B: "Process Metallurgy and Materials Processing Science"

《冶金学与材料学汇刊，B 辑："生产冶金学与材料加工科学"》（出版地：美国，双月刊）

International Journal of Powder Metallurgy

《国际粉末冶金杂志》（出版地：美国，年 8 期）

Metal Powder Report (MPR)

《金属粉末通报》（出版地：英国，月刊）

International Journal of Refractory Metals and Hard Materials

《国际耐熔金属与硬质材料杂志》（出版地：英国，双月刊）

Ironmaking Conference Proceedings

《炼铁会议录》（出版地：美国，年刊）

Electric Furnace Conference Proceedings

《电炉会议录》（出版地：美国，年刊）

Steelmaking Conference Proceedings

《炼钢会议录》（出版地：美国，年刊）

Iron & Steelmaker

《钢铁生产者》（出版地：美国，月刊）

Ironmaking & Steelmaking

《炼铁与炼钢》（出版地：英国，双月刊）

Steel Times International

《国际钢时代》（出版地：英国，双月刊）

Aluminium Industry Abstracts

《铝工业文摘》（出版地：美国，月刊）

Platinum Metals Review

《铂金属评论》（出版地：英国，季刊）

Metalworking Production

《金属加工生产》（出版地：英国，月刊）

Heat Treatment of Metals

《金属热处理》（出版地：英国，季刊）

七、铸造

Modern Casting

《现代铸造》（出版地：美国，月刊）

Transactions of the American Foundry Society

《美国铸造师学会会刊》（出版地：美国，年刊）

Die Casting Engineer

《压模铸造工程师》（出版地：美国，双月刊）

Foundry Management & Technology

《铸造管理与技术》（出版地：美国，月刊）

Foundryman

《铸造师》（出版地：英国，月刊）

Foundry Trade Journal

《铸造业杂志》（出版地：英国，月刊）

八、金属加工

Cutting Tool Engineering

《切削工具工程》（出版地：美国，月刊）

Automatic Machining

《自动机械加工》（出版地：美国，月刊）

Modern Machine Shop

《现代机械车间》（出版地：美国，月刊）

Canadian Machinery & Metalworking

《加拿大机械与金属加工》（出版地：加拿大，年 9 期）

Welding Design & Fabrication

《焊接设计与制造》（出版地：美国，月刊）

Welding Journal

《焊接杂志》（出版地：美国，月刊）

Welding Research Abroad

《海外焊接研究》（出版地：美国，月刊）

WRC (Welding Research Council) Bulletin

《焊接研究协会通报》（出版地：美国，年 10 期）

Welding & Metal Fabrication

《焊接与金属制作》（出版地：英国，年 10 期）

九、金属腐蚀与保护

Plating and Surface Finishing

《电镀与表面涂饰》（出版地：美国，月刊）

Metal Finishing
《金属涂饰》（出版地：美国，年 14 期）
Corrosion Abstracts
《腐蚀文摘》（出版地：美国，双月刊）
Industrial Paint & Powder
《工业涂料与粉末》（出版地：美国，月刊）
Corrosion Prevention & Control
《防蚀与控制》（出版地：英国，季刊）
Anti-corrosion Methods and Materials
《防蚀方法与材料》（出版地：英国，双月刊）
Corrosion Science
《腐蚀科学》（出版地：英国，月刊）
Transactions of the Institute of Metal Finishing
《金属涂饰学会会刊》（出版地：英国，双月刊）
British Corrosion Journal
《英国腐蚀杂志》（出版地：英国，季刊）
Surface Engineering
《表面工程》（出版地：英国，双月刊）
Surface & Coatings Technology
《表面与涂层技术》（出版地：瑞士，年 39 期）

十、机械工程

Journal of Fluids Engineering — Transactions of the ASME
《流体工程杂志——美国机械工程师学会汇刊》（出版地：美国，季刊）
Mechanical Engineering
《机械工程》（出版地：美国，月刊）
Machine Design
《机械设计》（出版地：美国，年 23 期）
Tribology Transactions
《摩擦学会刊》（出版地：美国，季刊）

Journal of Tribology — Transactions of the ASME

《摩擦学杂志——美国机械工程师学会汇刊》（出版地：美国，季刊）

Journal of Vibration and Acoustics — Transactions of the ASME

《振动与声学杂志——美国机械工程师学会汇刊》（出版地：美国，季刊）

Journal of Mechanical Design — Transactions of the ASME

《机械设计杂志——美国机械工程师学会汇刊》（出版地：美国，季刊）

Popular Mechanics

《大众机械》（出版地：美国，月刊）

Human Factors and Ergonomics in Manufacturing & Service Industries

《制造业与服务业中的人因素和人机工程学》（出版地：美国，季刊）

Proceedings of the Institution of Mechanical Engineers, Part A: "Journal of Power and Energy"

《机械工程师学会会报，A 辑："动力与能源杂志"》（出版地：英国，双月刊）

Proceedings of the Institution of Mechanical Engineers, Part B: "Journal of Engineering Manufacture"

《机械工程师学会会报，B 辑："工程制造杂志"》（出版地：英国，月刊）

Proceedings of the Institution of Mechanical Engineers, Part C: "Journal of Mechanical Engineering Science"

《机械工程师学会会报，C 辑："机械工程科学杂志"》（出版地：英国，月刊）

Proceedings of the Institution of Mechanical Engineers, Part D: "Journal of Automobile Engineering"

《机械工程师学会会报，D 辑："汽车工程杂志"》（出版地：英国，月刊）

Proceedings of the Institution of Mechanical Engineers, Part E: "Journal of Process Mechanical Engineering"

《机械工程师学会会报，E 辑："加工机械工程杂志"》（出版地：英国，季刊）

International Journal of Mechanical Sciences

《国际机械科学杂志》（出版地：英国，月刊）

Machinery & Production Engineering

《机械与生产工程》（出版地：英国，年 22 期）

Mechanism and Machine Theory

《机构学与机械原理》（出版地：英国，月刊）

Industrial Lubrication and Tribology

《工业润滑与摩擦学》（出版地：英国，双月刊）

Factory Equipment

《工厂设备》（出版地：英国，月刊）

Professional Engineering

《专业工程》（出版地：英国，年 22 期）

十一、动力机械

Diesel Progress (North American Edition)

《柴油机进展（北美版）》（出版地：美国，月刊）

Diesel & Gas Turbine Worldwide

《国际柴油机与汽轮机》（出版地：美国，年 10 期）

Journal of Pressure Vessel Technology (Transactions of the ASME)

《压力容器技术杂志（美国机械工程师学会汇刊）》（出版地：美国，季刊）

Diesel Progress (International Edition)

《柴油机进展（国际版）》（出版地：美国，双月刊）

Turbomachinery International

《国际涡轮机械》（出版地：美国，年 7 期）

十二、供暖、制冷、空调设备制造

ASHRAE Journal

《美国供暖、冷藏与空调工程师学会杂志》（出版地：美国，月刊）

ASHRAE Transactions

《美国供暖、冷藏与空调工程师学会汇刊》（出版地：美国，半年刊）

HPAC (Heating/Piping/Air Conditioning) Engineering

《供暖、管道与空调工程》（出版地：美国，月刊）

Refrigeration and Air Conditioning (RAC)

《冷藏与空调》（出版地：英国，月刊）

Heating & Air Conditioning (HAC)

《供暖与空调》（出版地：英国，季刊）

International Journal of Refrigeration

《国际制冷杂志》（出版地：英国，年 8 期）

十三、仪器、仪表

Review of Scientific Instruments

《科学仪器评论》（出版地：美国，月刊）

IAN (Instrumentation & Automation News)

《仪器仪表与自动化新闻》（出版地：美国，月刊）

Instruments and Experimental Techniques

《仪器与实验技术（英译俄刊）》（出版地：美国，双月刊）

Measurement Science and Technology

《测量科学与技术》（出版地：英国，月刊）

Measurement & Control

《测量与技术》（出版地：英国，年 10 期）

Transactions of the Institute of Measurement and Control

《测量与控制学会汇刊》（出版地：英国，年 5 期）

十四、化学工业与工程

Chemical and Engineering News (C & EN)

《化学与工程新闻》（出版地：美国，年 51 期）

Chemical Engineering Journal

《化学工程杂志》（出版地：美国，年 13 期）

Chemical Engineering Progress (CEP)
《化学工程进展》（出版地：美国，月刊）
Chemical Innovation
《化学创新》（出版地：美国，月刊）
Separation Science and Technology
《分离科学与技术》（出版地：美国，年 16 期）
Industrial and Engineering Chemistry Research
《工业与工程化学研究》（出版地：美国，年 26 期）
Chemical Week
《化学周报》（出版地：美国，年 49 期）
Journal of Chemical & Engineering Date
《化学与工程资料杂志》（出版地：美国，双月刊）
Separation and Purification Methods
《分离与净化方法》（出版地：美国，半年刊）
Solvent Extraction and Ion Exchange
《溶剂提取与离子交换》（出版地：美国，双月刊）
Chemical Engineering Science
《化学工程科学》（出版地：美国，半月刊）
Chemistry and Industry
《化学与工业》（出版地：英国，半月刊）
Manufacturing Chemist
《制造化学师》（出版地：英国，月刊）
European Chemical News (ECN)
《欧洲化学新闻》（出版地：英国，年 48 期）
Filtration + Separation
《过滤与分离》（出版地：英国，年 10 期）
Process Biochemistry
《生化工艺》（出版地：英国，年 9 期）
Speciality Chemicals Magazine
《特种化学品杂志》（出版地：英国，年 10 期）
Methods in Organic Synthesis

《有机合成方法》（出版地：英国，月刊）

Chemical Engineer

《化学工程师》（出版地：英国，年 23 期）

Chemical Engineering Research & Design (Transactions of the Institution of Chemical Engineers Part A)

《化学工程研究与设计（化学工程师学会会刊 A 辑）》（出版地：英国，年 8 期）

Canadian Journal of Chemical Engineering

《加拿大化学工程杂志》（出版地：加拿大，双月刊）

十五、石油化学工业

Oil & Gas Journal

《石油与天然气杂志》（出版地：美国，年 52 期）

Hydrocarbon Processing

《烃加工》（出版地：美国，月刊）

NLGI Spokesman (Journal of the National Lubricating Grease Institute)

《国家润滑脂学会发言人（国家润滑脂学会杂志）》（出版地：美国，月刊）

Petroleum Abstracts

《石油文摘》（出版地：美国，年 50 期）

Preprints (Division of Petroleum Chemistry of ACS)

《美国化学学会石油化学分会论文预印本》（出版地：美国，季刊）

Petroleum Review

《石油评论》（出版地：英国，月刊）

Journal of Petroleum Technology (JPT)

《石油技术杂志》（出版地：美国，月刊）

AAPG (American Association of Petroleum Geologists) Bulletin

《美国石油地质学家协会通报》（出版地：美国，月刊）

SPE Drilling & Completion

《石油工程师学会志："钻井与完井"》（出版地：美国，季刊）

SPE Production & Facilities
《石油工程师学会志：“生产与设备”》（出版地：美国，季刊）

SPE Reservoir Evaluation & Engineering
《石油工程师学会志：“储油评价与工程”》（出版地：美国，双月刊）

Journal of Petroleum Geology
《石油地质学杂志》（出版地：英国，季刊）

十六、高分子化学工业

Plastics Technology
《塑料技术》（出版地：美国，月刊）

Plastics Engineering
《塑料工程》（出版地：美国，月刊）

Polymer Engineering and Science
《聚合物工程与科学》（出版地：美国，月刊）

Polymer-Plastics Technology and Engineering
《聚合物-塑料技术与工程》（出版地：美国，年 5 期）

Modern Plastics International
《国际现代塑料》（出版地：美国，月刊）

Polymer Composites
《聚合物复合材料》（出版地：美国，双月刊）

Advances in Polymer Technology
《聚合物技术进展》（出版地：美国，季刊）

Journal of Bioactive and Compatible Polymers
《生物活性与相容性聚合物杂志》（出版地：美国，双月刊）

Journal of Cellular Plastics
《泡沫塑料杂志》（出版地：美国，双月刊）

Journal of Elastomers and Plastics
《橡胶与塑料杂志》（出版地：美国，季刊）

Journal of Reinforced Plastics and Composites
《增强塑料与复合材料杂志》（出版地：美国，年 18 期）

Journal of Thermoplastic Composite Materials
《热塑性复合材料杂志》（出版地：美国，双月刊）

European Plastics News
《欧洲塑料新闻》（出版地：英国，年 11 期）

Reinforced Plastics
《增强塑料》（出版地：英国，月刊）

RAPRA Abstracts
《英国橡胶与塑料研究协会文摘》（出版地：英国，月刊）

Progress in Polymer Science
《聚合物科学进展》（出版地：英国，年 11 期）

Plastics, Rubber and Composites
《塑料、橡胶与复合物》（出版地：英国，年 10 期）

British Plastics and Rubber (BP & R)
《英国塑料与橡胶》（出版地：英国，月刊）

Additives for Polymers
《聚合物添加剂》（出版地：英国，月刊）

Rubber Chemistry and Technology
《橡胶化学与技术》（出版地：美国，年 5 期）

European Rubber Journal (ERJ)
《欧洲橡胶杂志》（出版地：英国，月刊）

Rubber Development
《橡胶发展》（出版地：英国，月刊）

十七、硅酸盐工业

Ceramic Industry
《陶瓷工业》（出版地：美国，年 13 期）

Journal of the American Ceramic Society
《美国陶瓷学会杂志》（出版地：美国，月刊）

American Ceramic Society Bulletin
《美国陶瓷学会通报》（出版地：美国，月刊）

Ceramic Abstracts
《陶瓷文摘》（出版地：美国，年 5 期）
Glass Industry
《玻璃工业》（出版地：美国，年 13 期）
Porcelain Enamel Institute Technical Forum
《搪瓷学会技术论坛》（出版地：美国，年刊）
Ceramic Industries International
《国际陶瓷工业》（出版地：英国，双月刊）
Glass Technology
《玻璃技术》（出版地：英国，双月刊）
Physics and Chemistry of Glasses
《玻璃物理学与化学》（出版地：英国，双月刊）
British Ceramic Transactions
《英国陶瓷学会会刊》（出版地：英国，双月刊）
World Ceramic Abstracts
《世界陶瓷文摘》（出版地：英国，月刊）
World Ceramic & Refractories
《世界陶瓷与耐火材料》（出版地：英国，双月刊）
Cement and Concrete Research
《水泥与混凝土研究》（出版地：英国，月刊）
Cement and Concrete Composites
《水泥与混凝土复合材料》（出版地：英国，双月刊）
Glass International
《国际玻璃》（出版地：英国，双月刊）

十八、纺织印染工业

Textile Research Journal
《纺织研究杂志》（出版地：美国，月刊）
Textile Technology Digest
《纺织技术文摘》（出版地：美国，月刊）

Journal of Industrial Textiles
《工业纺织杂志》（出版地：美国，季刊）

Nonwovens Industry
《无纺织物工业》（出版地：美国，月刊）

International Dyer
《国际染色技师》（出版地：英国，月刊）

Coloration Technology
《染色技术》（出版地：英国，双月刊）

Journal of the Textile Institute
《纺织学会杂志》（出版地：英国，双月刊）

Textile Progress
《纺织进展》（出版地：英国，季刊）

Textile Month
《纺织月刊》（出版地：英国，月刊）

World Textile Abstracts
《世界纺织文摘》（出版地：英国，月刊）

Textiles Magazine
《纺织品杂志》（出版地：英国，季刊）

Knitting International
《国际针织》（出版地：英国，年 11 期）

十九、土木建筑工程

ENR (Engineering News-Record)
《工程新闻记录》（出版地：美国，年 49 期）

International Construction
《国际建设》（出版地：美国，月刊）

Proceedings of the Institution of Civil Engineers: "Civil Engineering"
《土木工程师协会会报：土木工程》（出版地：英国，双月刊）

Proceedings of the Institution of Civil Engineers: "Structures and Buildings"
《土木工程师协会会报：结构与建筑》（出版地：英国，季刊）

Proceedings of the Institution of Civil Engineers: "Transport"
《土木工程师协会会报：运输》（出版地：英国，季刊）
Proceedings of the Institution of Civil Engineers: "Water and Maritime"
《土木工程师协会会报：水与海洋工程》（出版地：英国，季刊）
Proceedings of the Institution of Civil Engineers: "Municipal Engineer"
《土木工程师协会会报：市政工程师》（出版地：英国，季刊）
Proceedings of the Institution of Civil Engineers: "Geotechnical Engineering"
《土木工程师协会会报：土木技术工程》（出版地：英国，季刊）
International Building Services Abstracts
《国际建筑服务文摘》（出版地：英国，双月刊）
Architectural Publications Index
《建筑期刊文献索引》（出版地：英国，季刊）
Building and Environment
《建筑与环境》（出版地：英国，年 8 期）
Ground Engineering
《地基工程》（出版地：英国，月刊）
Concrete Construction
《混凝土施工》（出版地：美国，月刊）
ACI Structural Journal
《美国混凝土学会结构杂志》（出版地：美国，双月刊）
Concrete International
《国际混凝土》（出版地：美国，月刊）
Journal of the Precast/Prestressed Concrete Institute
《预制与预应力混凝土学会志》（出版地：美国，双月刊）
Concrete Products
《混凝土制品》（出版地：美国，月刊）
ACI Materials Journal
《美国混凝土学会材料杂志》（出版地：美国，双月刊）
Magazine of Concrete Research
《混凝土研究杂志》（出版地：美国，双月刊）
Construction and Building Materials

《建筑与建筑材料》（出版地：英国，年 8 期）

Engineering Structures

《工程结构》（出版地：英国，月刊）

二十、运输与运输工程

ITE (Institute of Transportation Engineers) Journal

《运输工程师协会杂志》（出版地：美国，月刊）

Containerisation International

《国际集装箱化》（出版地：英国，月刊）

Railway Gazette International

《国际铁路公报》（出版地：英国，月刊）

Highways and Transportation

《公路与运输》（出版地：英国，月刊）

Pipe Line & Gas Industry

《管线与气体工业》（出版地：美国，月刊）

Pipeline & Gas Journal

《管线与气体杂志》（出版地：美国，月刊）

Pipes & Pipelines International

《国际制管与管线》（出版地：英国，双月刊）

Naval Engineers Journal

《造船工程师杂志》（出版地：美国，双月刊）

Journal of Ship Research

《船舶研究杂志》（出版地：美国，季刊）

Society of Naval Architects and Marine Engineers, Transactions

《造船与轮机工程师协会汇刊》（出版地：美国，年 1 期）

World Wide Shipping (WWS)

《世界航运》（出版地：美国，年 8 期）

Marine Technology and SNAME News

《船舶技术，造船与轮机工程师协会新闻》（出版地：美国，季刊）

Dock & Harbour Authority

《船坞与港口管理》（出版地：英国，年 9 期）

Ship & Boat International

《国际船与舰》（出版地：英国，年 10 期）

Shipping World & Shipbuilder

《航运世界与造船师》（出版地：英国，年 10 期）

Transactions of the Institute of Marine Engineers

《轮机工程师学会汇刊》（出版地：英国，季刊）

British Maritime Technology (BMT) Abstracts

《英国海洋技术文摘》（出版地：英国，月刊）

Marine Engineers Review (MER)

《轮机师评论》（出版地：英国，年 11 期）

Fast Ferry International

《国际高速水面艇》（出版地：英国，年 10 期）

Dredging and Port Construction

《疏浚与港口建设》（出版地：英国，月刊）

AIAA Journal

《美国航空航天学会志》（出版地：美国，月刊）

Aviation Week & Space Technology

《航空周刊与宇航技术》（出版地：美国，年 51 期）

Journal of Aircraft

《航空器杂志》（出版地：美国，双月刊）

International Aerospace Abstracts (IAA)

《国际航空航天文摘》（出版地：美国，月刊）

Aircraft Engineering & Aerospace Technology

《飞机工程与航天技术》（出版地：英国，双月刊）

Aeronautical Journal

《航空学杂志》（出版地：英国，月刊）

Journal of the Astronautical Sciences

《航天科学杂志》（出版地：美国，季刊）

Journal of Spacecraft and Rockets

《航天飞行器与火箭杂志》（出版地：美国，双月刊）

二十一、食品工业

Food Engineering
《食品工程》（出版地：美国，月刊）

Journal of Food Science
《食品科学杂志》（出版地：美国，双月刊）

Food Technology
《食品工艺学》（出版地：美国，双月刊）

Journal of Food Biochemistry
《食品生物化学杂志》（出版地：美国，双月刊）

Journal of Food Processing and Preservation
《食品加工与保鲜杂志》（出版地：美国，双月刊）

Food Biotechnology
《食品生物技术》（出版地：美国，年 3 期）

Journal of the Science of Food and Agriculture
《食品与农业科学杂志》（出版地：英国，年 15 期）

Food and Chemical Toxicology
《食品与化学毒物学》（出版地：英国，月刊）

International Journal of Food Science and Technology
《国际食品科学与技术杂志》（出版地：英国，双月刊）

Food Science and Technology Abstracts
《食品科学与技术文摘》（出版地：英国，月刊）

Journal of Food Engineering
《食品工程杂志》（出版地：英国，年 16 期）

Food Science and Technology Today
《今日食品科学与技术》（出版地：英国，季刊）

Food Microbiology
《食品微生物学》（出版地：英国，双月刊）

Trends in Food Science & Technology
《食品科学与技术趋势》（出版地：英国，月刊）

二十二、材料科学

Journal of Composite Materials
《复合材料杂志》（出版地：美国，半月刊）

SAMPE (Society for the Advancement of Material & Process Engineering) Journal
《材料与加工工程促进学会志》（出版地：美国，季刊）

Journal of Composites Technology & Research
《复合材料技术与研究杂志》（出版地：美国，季刊）

Annual Review of Materials Research
《材料科学研究前沿进展年鉴》（出版地：美国，年刊）

Journal of Advanced Materials
《高级材料杂志》（出版地：美国，季刊）

Chemistry of Materials
《材料化学》（出版地：美国，月刊）

Journal of Materials Synthesis and Processing
《材料合成与加工杂志》（出版地：美国，双月刊）

Journal of Materials Processing & Manufacturing Science
《材料加工与制造科学杂志》（出版地：美国，季刊）

Materials Research Bulletin
《材料研究通报》（出版地：英国，月刊）

Composites, Part A: "Applied Science and Manufacturing"
《复合材料，A 辑："应用科学与制造"》（出版地：英国，月刊）

Progress in Materials Science
《材料科学进展》（出版地：英国，月刊）

Material Science and Technology
《材料科学与技术》（出版地：英国，月刊）

Composites Science and Technology
《复合材料科学与技术》（出版地：英国，年 16 期）

Fatigue & Fracture of Engineering Materials & Structures
《工程材料与结构的疲劳与断裂》（出版地：英国，月刊）

Materials & Design
《材料与设计》（出版地：英国，双月刊）

International Journal of Fatigue
《国际材料疲劳杂志》（出版地：英国，年 10 期）

Modelling and Simulation in Materials Science and Engineering
《材料科学与工程中的模型建立与模拟》（出版地：英国，双月刊）

Advanced Composites Letters
《高级复合材料快报》（出版地：英国，双月刊）

Science and Engineering of Composite Materials
《复合材料科学与工程》（出版地：以色列，季刊）

Journal of Computer-aided Materials Design
《计算机辅助材料设计杂志》（出版地：荷兰，年 3 期）

Applied Composite Materials
《应用复合材料》（出版地：荷兰，双月刊）

Journal of Materials Science
《材料科学杂志》（出版地：荷兰，半月刊）

Journal of Materials Science: "Materials in Electronics"
《材料科学杂志："电子材料"》（出版地：荷兰，月刊）

Journal of Materials Science: "Materials in Medicine"
《材料科学杂志："医学材料"》（出版地：荷兰，月刊）

Advanced Composite Materials
《高级复合材料》（出版地：荷兰，季刊）

Materials Science & Engineering, A: "Structural Materials: Properties Microstructure & Processing"
《材料科学与工程，A 辑："结构材料：微结构特性与加工"》（出版地：瑞士，年 42 期）

Materials Chemistry and Physics
《材料化学与物理学》（出版地：瑞士，年 15 期）

后　记

《术语翻译新论：找译译法翻译理论与实务》即将付梓，笔者心里非常激动，顿时想起了《中国科技术语》期刊和《中国科技翻译》期刊许多编辑老师和青年朋友一直以来对笔者翻译研究工作的支持和帮助。有许多人物形象在眼前不时闪现，总是充满了亲近感。从写这本书的源头来说，笔者特别记得 2011 年 9 月 24 日，这是“全国第六届翻译学词典及翻译理论研讨会”召开的日子。会议是在北京航空航天大学召开的，文军教授为会议做了严肃认真的安排。遵照大会议程，那天进行主旨发言的有徐莉娜教授、黄忠廉教授、徐珺教授、孙迎春教授等 8 位外语翻译界的老师，同仁们都比较熟悉。但当会议主席宣布江苏徐州钢铁总厂资料室高级工程师徐树德先生与笔者联名发言时，引起了大家新的兴趣。文军教授还带来许多研究生参会，大家始时左右相顾，继而爆发出热烈掌声，会议的气氛十分活跃，会上会下互动热情亲切。徐先生原是复员军人，进入徐州钢铁总厂后，勤奋好学、刻苦钻研，在国家培养下，花费多年时间，攻克了外语难关，用英、法、德等多种语言在国内外发表了多篇论文，累计达 60 多万字，还先后单独或与同行合作主编出版《多功能汉英·英汉钢铁词典》等 4 部著作，他这次在大会上的主旨发言非常朴实，幻灯片展示的材料也很丰富。

这次笔者同树德的“重逢”，忠廉最了解情况，知道我们自“科学的春天”后就已成好友，看我们都表示机会难得，于是在茶歇之时，以走廊花坛为背景替我们拍照留念。见我们各自交流了当时手边的科研选题，又交换了当时新发表的论文资料，忠廉诙谐地说，我们二人一定会合作写出一部类似文军教授的新作《科学翻译批评导论》那样的著作。面对着屏幕上的大字 Dictionary 的旁注“天下字典一大抄，而今迈步从头越”，大家都会意地笑了。“从头越”不是说术语翻译不要词典了，而是针对报刊上术语翻译常出现的种种错误，要从源头上来找原因。诚如会议总结时一位老编审提到的，这件事“看似寻常最奇崛，成如容易却艰辛”。正因为意识到有“难处”，随后我们二人联袂发表了一些论文，受到了一些编辑老师和读者的好评，让笔者深受鼓舞。

拙稿写完后，笔者先后邀请国内外知名的现代语言学家冯志伟教授和全国科学技术名词审定委员会裴亚军博士作序，他们都在百忙之中接受邀请，很快发来了长序，真为拙著增辉，在此特向志伟教授和亚军博士表示衷心的感谢。

在疫情期间，笔者一直得到兄弟刊物老师晓明、魏星、文利、晶莹、曹杰及亲友丛利人、徐玥、史孝宏、刘惠兰和编审郑艳杰的大力支持和无私帮助。特别是科学出版社安排了认真负责的责任编辑王丹、宋丽和责任校对贾伟娟审校拙稿，谨在此表示诚挚的谢意！

如上所言，现在的《术语翻译新论：找译译法翻译理论与实务》是在有关领导、学者和读者的指导、关心下完成的，疏漏之处在所难免，恳请大家多批评指正。

2022 年 7 月即日